AF145247

Wilhelm Thümmel

Zur Beurtheilung des Donatismus

Wilhelm Thümmel

Zur Beurtheilung des Donatismus

ISBN/EAN: 9783744649636

Hergestellt in Europa, USA, Kanada, Australien, Japan

Cover: Foto ©Lupo / pixelio.de

Weitere Bücher finden Sie auf **www.hansebooks.com**

ZUR BEURTHEILUNG
DES
DONATISMUS.

INAUGURAL-DISSERTATION

DIE
NEBST DEN ANGEFÜGTEN THESEN
ZUR ERLANGUNG
DER THEOLOGISCHEN LICENTIATENWÜRDE
MIT GENEHMIGUNG DER HOCHWÜRDIGEN THEOLOGISCHEN
FAKULTÄT DER VEREINIGTEN FRIEDRICHS-UNIVERSITÄT
HALLE-WITTENBERG
AM 9. AUGUST 1893, VORM. 11 UHR,

IN DER AULA ÖFFENTLICH VERTHEIDIGEN WIRD

W. THÜMMEL,

EVANGEL. PFARRER IN REMSCHEID.

OPPONENTEN:

HERR GYMNASIAL-DIRECTOR A. D. PROF. D. NASEMANN.
HERR PFARRER WÄCHTLER.

HALLE a. S.
DRUCK VON EHRHARDT KARRAS.
1893.

MEINEN LIEBEN SCHWIEGERELTERN

HERRN

GEH. MED.-RATH PROF. ALFRED GRAEFE

UND

FRAU MARIE GEB. COLBERG

ZUGEEIGNET.

Inhalts-Verzeichniss.

---

§ 1. Der Gegenstand der Untersuchung.

Drei Typen in den Beurtheilungen des Donatismus. Der letzte Typus der Gegenstand der Untersuchung: ob und wie weit nationale Elemente in dem Donatismus wirksam sind?

Unter den verschiedenen Beurtheilungen, welche der Donatismus in der theologischen Literatur erfahren hat, lassen sich unschwer drei Typen unterscheiden, nach deren einem, wenn auch mit Uebergängen von einem zum andern, die jeweilige Beurtheilung sich vollzogen hat.

Die erste Art erblickt in dem donatistischen Streite den prinzipiellen Kampf zwischen objektiver Kirchlichkeit und subjektivistischer Schwärmerei. (Neander [1]) „den ersten entscheidenden Kampf zwischen Separatismus und Kirche" (Ribbeck [2]). Diese Auffassung beherrscht überwiegend die römisch-katholische Geschichtsschreibung (Baronius [3], weniger Valesius [4], Fechtrup bei Wetzer und Welte [5]), nicht ohne dass fortwährend Parallelen zwischen Donatisten und Protestanten gezogen werden (vergl. die Kritik dieser Parallelen bei Walch, Ketzer-Historie Bd. 4, S. 345 ff.). Während einige protestantische Schriftsteller hiergegen vice versa verfuhren (Leidekker [6]), statt das Unrichtige dieser Vergleichung durch eine Anlehnung an den Satz, dass die Geschichte, wie die Natur niemals kopire, darzutun, haben die meisten in der Erforschung des Donatisten-

---

1) Allgem. Geschichte der christlichen Religion und Kirche, II, 1. S. 357.

2) Donatus und Augustinus. Elberfeld 1858. Untertitel.

3) Annales ecclesiastici. Tom. 2. Coloniae Agripp. 1609.

4) De Donatistis im Anhange seiner Eusebius-Ausgabe. Paris 1659.

5) Bd. 3, S. 1969. 2. Aufl.

6) Hist. eccles. Africanae. Utrecht 1692.

Streites nur Material gegen die den Protestantismus bedrängenden Seperationen und Schwärmereien zu finden gesucht (Magdeb. Centurien[1]) — Guerike[2]).

Abgesehen von den elementaren Religions-Momenten, die nach Art der Montanistischen Bewegung auch in dem Donatismus auseinander traten, so schreiben diese Schriftsteller übereinstimmend die Entstehung dieses Schismas, wie die des Felicissimus in Karthago und des Heraklius[3]) in Rom, dem Umstande zu, dass die in den Verfolgungen bewährten Bekenner und Märtyrer sich gegenüber den thatsächlich oder vermeintlich zurück gewichenen Clerikern und Bischöfen grösserer Ehre werth hielten. Der Umstand, dass die niederen socialen Schichten der Gemeinden, welche naturgemäss die staatlichen Verfolgungen ungemildert zu kosten bekamen, nachher den geschonteren oberen Schichten und dem Clerus aufsässig wurden[4]), ist nach allen Verfolgungen zu beobachten und geradezu als eine Begleiterscheinung der für die Kirche wieder eingetretenen Ruhe zu betrachten.

Der Episkopat und der Clerus sahen sich in ihrer kaum gewonnenen Machtstellung bedroht; die Frage, ob die Austheilung der Verheissungen und Segnungen des Christenthums zuhöchst an die kirchlichen Aemter geknüpft sein, oder ob sie von den gläubigen Personen erwartet werden sollte, war aufgerollt. Und diese Frage bewegt den immer wieder auftauchenden prinzipiellen Kampf zwischen objektiver Kirchlichkeit und subjektivistischer Schwärmerei.

Weist somit die Annahme, dass das donatistische Schisma aus den durch die Verfolgungen dem inneren Gemeinde-Leben aufgenöthigten Consequenzen entstanden sei, dem Streite von vornherein einen principiellen Inhalt zu, so kann sich diese Anschauung mit noch grösserem Rechte auf den ferneren Verlauf des Streites berufen, wie er in den beiderseitigen Streit-

---

1) IIII, cap. IV, p. 259. IIII, cap. VII, p. 556.
2) Handbuch der K. G. Halle 1837. I, § 72.
3) Vgl. über Letzteren: Harnack, Dogm.-Geschichte. Freiburg 1890. III, S. 36.
4) Vgl. O. Ritschl, Cyprion von Karthago. Göttingen 1885. S. 22 u. 23: „Waren die Märtyrer nicht auch zu einem gehobenen Selbstgefühl berechtigt?"

schriften, in den Protocollen der Synoden und in den Nachrichten über die kaiserlichen Untersuchungen zu beobachten ist. Denn wenn auch in den ersten Jahren nur über die thatsächlichen Fragen, ob Felix von Aptunga ein Traditor gewesen sei u. s. w., gestritten wurde, so erhob sich, je länger, desto höher, der Streit zur Behandlung der principiellsten Fragen: über die objektive Gültigkeit der Sacramente, die unabhängig von der subjektiven Beschaffenheit des Sacraments-Verwalters sei, über die Kennzeichen und Gaben der reinen und einigen Kirche, daneben blieb das alte Thema früherer Schismen, nämlich wie die Kirchenzucht, wenn auch in neuer Form, so doch mit alter Kraft zu handhaben sei, Gegenstand auch dieses Kampfes. Und endlich wurden die Parteien des donatistischen Streites vor eine Frage von principiellster Bedeutung gestellt, die bei den bisherigen Schismen noch nicht auftauchen konnte: unter Constantin war das römische Reich aus einer verfolgenden Macht ein wohlwollender Schutz, unter seinen Nachfolgern — abgesehen von der Julian'schen Episode — war der Staat ein, dem Namen nach, christlicher geworden. Nun galt es, das Verhältniss zwischen Staat und Kirche festzustellen. Und in Nord-Afrika verdoppelte sich diese Aufgabe gleich im Anfange dahin, dass der Staat sein richtiges Verhältniss zu zwei Kirchen finden sollte. Der Streit trug also principielle Schwierigkeiten über genug in sich.

Für die Mitte und für die — wenigstens formelle — Beendigung des Streites durch die Disputation zu Karthago 411 wird der principielle Gehalt des Streites von keiner Seite bestritten. Um so schärfer tritt der zweite Typus in den Beurtheilungen des Donatismus der bisher skizzirten Auffassung desselben als eines Streites um principielle Fragen in Ansehung derjenigen Momente gegenüber, welche das Schisma hätten entstehen lassen. Diese zweite Auffassung behauptet als Entstehungs-Ursache des Donatismus persönliche Zwistigkeiten der nächst- und zuerst-Betheiligten. Nachdem schon Walch diesen Fall für einen einzigartigen erklärt hatte, „dass nicht über einen wichtigen Theil der Religion, sondern über die Wahl eines gottesdienstlichen Lehrers sich eine Trennung entsponnen habe, die gewiss genug 300 Jahre fortgesetzt worden, da man wenigstensˑ von dem Tode den

Dienst erwartet hätte, dass er. wie sonst wohl geschehen, den Frieden am besten gestiftet!" (Ketzer-Historie IV, S. 4) so hat in diesem Jahrhundert u. a. auch Döllinger in seiner Kirchengeschichte im Jahre 1836 noch geschrieben: „Die Spaltung nahm ihren Anfang in persönlichen Zwistigkeiten" (I S. 76). Unter den neuern Forschern über einzelne Fragen aus der Geschichte des Donatismus ist zunächst Deutsch zu dem Resultat gekommen, „dass er überhaupt nicht wisse, welcher Gegensatz principieller Natur sich als Ursache der Spaltung nachweisen liesse, dass die Gründe vielmehr in zufälligen und persönlichen Verhältnissen zu suchen seien." (Drei Aktenstücke zur Geschichte des Donatismus. Berlin 1875. S. 41.) Und wie in den Handbüchern der Kirchengeschichte das barsche Verbot Cäcilians gegen die reiche Wittwe Lucilla, die Verehrung der durch die Kirche noch nicht approbirten Märtyrer-Reliquien nicht „vor den Genuss des heilsamen Kelches zu setzen," [1] stets bei der Erzählung des Anfangs der Spaltung zu lesen ist, so hat Deutsch ebenfalls diesen Streit zwischen Cäcilian und Lucilla zur Unterstützung seiner Beurteilung nachdrücklich betont.

Die kräftigste Vertheidigung dieser Anschauung, dass persönliche Momente die hauptsächlichsten Entstehungs-Ursachen des Donatismus abgäben, hat die letzte grössere Einzel-Darstellung des „Ursprung des Donatismus" von Voelter (Freiburg 1883) geleistet. Mit der scharfsinnigen Kritik der Quellen, sowie mit der genaueren Datirung der Thatsachen in dieser Schrift habe ich mich nachher näher zu beschäftigen.

Voelter kommt in seiner Gesammt-Auffassung von den Ursachen des Donatismus zu dem Resultate, „dass der Streit aus religiösen und mehr noch aus persönlichen Differenzen entsprungen sei." (S. 193.) Aber dieses Gesammt-Urtheil wird S. 116—122 durch Raisonnements vorbereitet, die mit den gewonnenen kritischen Resultaten nur lose zusammenhängen. „Vielleicht" — ich hebe dieses Wort im Druck hervor — „weniger in den Grundsätzen des Cäcilian sei die Ursache der starken Opposition gegen seine Wahl zu erblicken, als vielmehr in der Art und Weise, wie er dieselben vertrat, in seiner per-

1) Optatus I, 16.

sönlichen Haltung überhaupt. Nun folgt wiederum die Lucilla; Voelter schilt Cäcilians „rücksichtsloses Verfahren zumal gegen ein so angesehenes, durch Wohlthun ausgezeichnetes Gemeinde-Glied". Dieses und der Umstand, dass die Donatisten den Cäcilian einen „Windbeutel" genannt haben, genügen, um zu zeigen, dass neben abweichenden religiösen Anschauungen wesentlich die persönlichen Eigenschaften Cäcilians es gewesen sind, wodurch sich dieser in Karthago eine zahlreiche und mächtige Gegnerschaft erwirkte.

Es ist zu beachten, dass Voelter dennoch die abweichenden religiösen Anschauungen neben den persönlichen Antipathien als Entstehungsursache gelten lässt; hätte er das Verhältniss umgedreht, „dass neben den abweichenden religiösen Anschauungen auch persönliche Antipathien das Schisma verursacht hätten", so wäre seine Beurteilung principiell nicht verschieden von derjenigen ausgefallen, die wir als die erste Klasse skizzirt hatten. Seine starke Hervorhebung der persönlichen Momente wäre dann nur ein Amendement zu der ersten Beurtheilungsart.

Eine stärkere Hervorhebung des persönlichen Monmentes in der Entstehung des Donatismus ist Voelter als berechtigt zuzugeben. Denn wo nur immer eine Periode der Geschichte genauer erforscht und dargestellt wird, werden wir auch dazu geführt werden, ein grösseres Maass der kleinen Menschlich-keiten in Ansatz zu bringen, als die bisherige allgemeine An-schauung von dieser Periode erkennen liess. Es ist Voelters Verdienst, dass er durch seine Quellenkritik, wie durch seine chronologischen Ausführungen die Entstehungszeit des Dona-tismus in ihren Einzelheiten erheblich weiter herausgearbeitet hat. Soviel plastischer aber die Darstellung wurde, um so in-dividueller, persönlicher musste sie werden.

Wenn ferner Voelter diese persönlichen Momente nicht unter die Ursachen der Entstehung des Donatismus gerechnet hätte, sondern wenn er sie als Veranlassung der Entstehung des Streites von den tiefer liegenden Ursachen gesondert hätte, so wäre gegen seine Beurtheilung nichts einzuwenden. Nun hat er aber — ebenso wie Deutsch — den Unterschied von Ursache und Veranlassung einer Bewegung gänzlich ausser Acht gelassen. Selbstverständlich geben Beide, Deutsch und Voelter, in der weiteren Entwickelung des Streites eine prin-

6

cipielle Unterlage zu, aber wenn sie auch nur für die Entstehungszeit die verhasste Persönlichkeit Cäcilians als hauptsächliche Ursache der Spaltung hinstellen, so lehne ich diese Meinung ab. Ich will Cäcilians grobe Verschlagenheit eine Veranlassung zum Ausbruch des Streites bilden lassen, aber die Ursachen einer Kirchen-Spaltung, welche das christliche Nord-Afrika drei Jahrhunderte lang schwer leiden liess, sind tiefer zu suchen.

Wenn heute von römischer Seite die Entstehung der Reformation in der Weise erklärt wird, „dass Martin Luther, ein Mann von heftiger Gemüthsart, sich anfangs gegen den Missbrauch erklärt habe, welchen Unbesonnene mit dem Ablass trieben",[1]) so liegt hier dieselbe Verwechselung von Ursache und Veranlassung vor. Oder — um ein Beispiel zu wählen, bei dem eine persönliche Kleinigkeit den Vorwand eines Streites thatsächlich abgegeben hat — wenn in dem bekannten Streite zwischen Erasmus und Hutten[2]) der Erstere in seinem Briefe an Markus Laurin, Kanonikus zu Brügge, schreibt: „Weil Hutten" — der damals 2 Monate in Basel war — „seiner Gesundheit wegen die geheizten Zimmer nicht entbehren, ich aber sie nicht vertragen konnte, so hat keiner den andern gesehen", und wenn dann sowohl Huttens expostulatio, als auch des Erasmus spongia Beide von dem geheizten Zimmer ausgehen, so wird doch Niemand im Ernste dieses geheizte Zimmer als die Ursache der Entzweiung des Erasmus und Huttens erklären. Nicht einmal als Veranlassung, sondern nur als Vorwand des Streites kann dasselbe angesehen werden. Aber die Ursachen der Entzweiung des vorsichtig-indifferenten humanistischen Gelehrten und des zur thatkräftigen Parteinahme stets bereiten humanistischen Patrioten sind doch principieller Natur und müssen, wenn auch in den Persönlichkeiten, so doch tiefer gesucht werden.

Döllinger, den ich oben ebenfalls als Vertreter der zweiten Beurteilung des Donatismus angeführt hatte, vermeidet den Fehler der Verwechselung von Ursache und Veranlassung oder

---

1) Kathol. Katechismus von Deharbe. S. J. Regensburg. 1879. S. 21.
2) Ulrich von Hutten gegen Desid. Erasmus u. s. w. 2 Streitschriften u. s. w. von Stolz. Regensburg 1813.

Vorwand, indem er schreibt: „die Spaltung nahm ihren Anfang in persönlichen Zwistigkeiten." In einer Recension des Voelter'schen Buches hat Harnack[1]) die oben angeführte Meinung Voelters über die Ursachen des Donatismus gebilligt, dabei aber lässt er stärker, als es bei Voelter selbst zu finden ist, eine principielle Frage der persönlichen gleichwerthige Ursache sein: „Am Anfange handelte es sich lediglich um die Person des Cäcilian und um eine Eigenthümlichkeit der nordamerikanischen Kirche" — wir heben diese Worte hervor — „betreffs der Wahlhandlung des carthaginiensischen Metropoliten". (S. 87).

Es ist hervorzuheben, dass Harnack mit dieser Anschauung nicht den ersten oben skizzirten Typus der Beurtheilung mit dem zweiten zu verbinden sucht. Denn jene erst genannte Würdigung sah schon in den Anfängen dieselben religiösen Gegensätze vorhanden, welche nachher zwischen Parmenian und Optatus, zwischen Augustin und seinen donastistischen Gegnern diskutirt wurden: objective Kirchlichkeit und subjektivistische Schwärmerei. Harnack dagegen ersieht aus Voelters Darstellung, dass neben dem persönlichen Momente der Person Cäcilians hauptsächlich das Missvergnügen über eine Verletzung der nordafrikanischen Kirchenordnung, nicht aber ein religiöser Gedanke, eine Partei gebildet habe. „Die Ursprünge des Streites wurzelten nicht in einer dogmatischen Controverse",[2]) sondern die durch die Synode von Arles majorisirte und mit kirchlicher Uniformirung bedrohte afrikanische Partei erinnerte sich, dass mit der Verwerfung ihres Einwandes, der Ordinator Cäcilians sei ein Traditor gewesen, und mit der danach erfolgten Festsetzung, dass auch eine von einem Traditor erteilte Ordination gültig sei, der alte Cyprianische Streit über die Gültigkeit der Ketzertaufe wieder aufleben könnte. Nun habe sich der durch die Verletzung der nordafrikanischen Kirchenordnung erregte Unwille in diese religiösen Gedanken gehüllt, sei aber von diesen letzteren aus zu den weiteren dogmatischen Folgerungen gedrängt worden, die zu den Donatisten übertretenden Katholiken wieder zu taufen. „Und erst von

---

1) Theolog. Lit. Ztg. 1884. No. 4 S. 83 ff.
2) Harnack, Dogmen-Gesch. III. S. 35.

hier aus gewannen die Donatisten allmählig das eigenthümliche
Selbstbewusstsein, sie seien die Reinen und Heiligen"; und auf
diesem Wege sei der Donatismus zu einer Aehnlichkeit mit
dem Montanismus und Novatianismus gelangt. Aber dieser
principielle Inhalt habe anfänglich nicht in ihm gelegen, sondern sei erst durch die Consequenzen einer dogmatischen Re-
pristination ihm beigesellt worden.

Harnack hat mit dieser Zusammenfassung die Voelter'sche
Uebertreibung des persönlichen Momentes in den Ursachen des
Donatismus wieder auf ihr Maass zurückgeführt; Harnack hat
ferner das, was Voelter implicite gegeben hatte, was er aber
explicite nachher als „Die religiösen Momente" Nebenursachen
bilden liess, richtiger bezeichnet als das verletzte Interesse an
dem Bestande der nordafrikanischen Kirchen-Ordnung. Harnack
tritt also der Beurtheilung des Donatismus durch Voelter bei,
aber er erweitert und modificirt dieselbe auch.

Gegen diese Beurtheilung hat Hermann Reuter[1]) Protest erhoben, indem er „keinerlei kirchenpolitische Motive"
bei der Entstehung des Donatismus thätig sein liess. Ich werde
die Richtigkeit der von Reuter erhobenen Einwendungen nachher des Näheren zu prüfen haben: er bestreitet, dass eine
„nordafrikanische Kirchen-Ordnung" als eine feststehende existirt habe; er konstatirt dagegen eine „schon lange latent vorhanden gewesene Verstimmung über kirchliche Zustände in
Nordafrika". Dieselbe hätte „sich vielleicht genährt durch die
Lektüre der Schriften Cyprians" und habe zum Inhalt gehabt
„die Wahrnehmung der schlimmen Kontraste zwischen dem
heiligen Amte und der persönlichen Unheiligkeit" der Amts-
träger. Also „wesentlich religiös - kirchliche Motive seien es
gewesen, welche die donatische Stimmung begründet hätten".
Diese Stimmung sei sodann durch den Anstoss, den die miss-
liebige Persönlichkeit Cäcilians und seine rücksichtslos - übereilte Wahl gegeben habe, zum Ausbruch gedrängt worden.

Hatte ich Harnacks Beurtheilung des Donatismus zwar
dem zweiten der von mir angenommenen Typen zugesprochen,
aber dabei ihn wesentlich über diesen hinausgehen lassen, so
unternimmt Reuters Votum eine Vertheidigung des ersten Typus.

—

[1]) Hermann Reuter, Augustinische Studien. Gotha 1887. S. 234 ff.

„Dem vulgär-katholischen Kirchenthum" — welches nämlich schon begonnen hatte, sich dabei zu beruhigen, dass die Heiligkeit der Kirche Christi nur bei den Aemtern und Institutionen zu wohnen brauche — „stellte sich das donatistische als das echt katholische entgegen, welches die in den Personen wohnende Heiligkeit, wenn auch nicht mehr in allen Gemeinde-Gliedern, so doch wenigstens in den Clerikern zu finden verlangte". Reuter bezeichnet die Auffassung Harnacks, dass sich die religiösen Gegensätze erst als logisch-dogmatische Folgerungen aus dem Streit über die Verfassungs-Frage entwickelt hätten, als „durchaus unrichtig", er behauptet denselben religiösen Gegensatz als von Anfang an, ja noch vor dem Anfange vorhanden und wirksam.

Harnack [1]) hat hiergegen erklärt, seine Auffassung sei von Reuter theilweise missverstanden worden. Ich bin der Meinung — da Harnack an diesem Orte seine Abwehr zu substantiiren selbst keine Gelegenheit hatte — dass er sich aus folgendem Grunde von Reuter für missverstanden hält: ihm lag weniger daran, ob eine Nordafrikanische Kirchenordnung existirt habe, und ob und in welchem Punkte sie verletzt worden sei, sondern die kurze Bemerkung an derselben Stelle der Dogmen-Geschichte, „dass die Donatisten zugleich die afrikanische National-Partei gewesen seien", — welcher Ansicht Harnack bereits in dem Artikel „Optatus" der Herzogschen Encyklopädie Ausdruck gegeben hatte — zeigt, dass er weniger eine kirchenrechtliche, als eine kirchenpolitische Frage mit den religiösen Diskussions-Thematen des Donatisten-Streites verquickt sieht. Zwar lehnt Reuter unter dem Wort „kirchenpolitische Motive" die Ansicht von Voelter-Harnack ab, aber die Ausführung seines Protestes bringt Einwendungen — und zwar gewichtigster Art — kirchenrechtlicher Natur. Kirchen-Recht und Kirchen-Politik sind aber verschiedene Begriffe, wenn auch die Handlungen und Einrichtungen, in welchen sie sich darstellen, sich oftmals decken und noch öfter kreuzen. Hätte also Reuter gegen die Annahme kirchenrechtlicher Motive als thatsächlicher Ursachen der donatistischen Spaltung protestirt — dass nachher kirchenrechtliche Fragen aufge-

1) Dogmen-Geschichte III. S. 35, Anm. 5.

worfen und Parteien nach kirchenrechtlichen Gesichtspunkten
gebildet werden, liegt in dem Wesen des Kirchenrechts, welches
vorhandenen Strömungen und Parteien eine feste Ordnung zu
geben bemüht ist, — so würden nur die Gründe dieses Protestes zu prüfen sein; seine Bestreitung des Vorhandenseins
kirchenpolitischer Motive konnte von Harnack als Missver-
ständniss angesprochen werden.

Die Anschauung, dass der Donatismus aus nationalen Elementen wie geboren, so auch genährt worden
sei, tritt uns als der dritte Typus der Beurtheilungen
dieser kirchengeschichtlichen Erscheinung entgegen.
Wir finden diese Anschauung in der älteren Literatur nicht
einmal angedeutet. Wir werden uns erinnern, dass die hierüber
geführten nachreformatorischen Controversen diese Anschauung
nicht haben konnten: hüben wie drüben verkannte man den
Einfluss der Nationalität auf die religiöse Sphäre. Selbst bei
Walch ist kein Wort zu finden, an welches dieser Gedanke
anzuknüpfen wäre.

Aber die allgemeine Anschauung, dass „ein eigenthüm-
licher Freiheitsgeist seit älterer Zeit die Nord-Afrikanische
Kirche ausgezeichnet habe",[1] tritt bei allen neueren theologischen
Schriftstellern auf, und kein Geringerer, als Döllinger, hat
diesen Freiheitssinn national fundamentirt sein lassen und diese
Vereinigung des religiösen und nationalen Elementes besonders
in dem Donatismus hervortreten gesehen. Döllinger urtheilt
wörtlich also: „Der donatistischen Spaltung mischte sich bald
ein nationales Element bei. Diese Losreissung von der Kirche
und ihrem Mittelpunkte zu Rom, die sich in Nordafrika vollzog, in der ganzen übrigen christlichen Welt aber zurückgewiesen wurde, war ein Auflodern des Nordafrikanischen
Volksgeistes, der sich eine eigne reine Landeskirche im Gegen-
satze gegen die übrigen angeblich unrein gewordenen und ab-
gefallenen Kirchen einrichten wollte. In ähnlicher Weise warf
sich die Ägyptische Nationalität in den grossen christologischen
Kämpfen seit dem fünften Jahrhundert der monophysitischen
Lehre in die Arme und brachte es zu einer eignen national-
koptischen Kirche, die von der katholischen Welt völlig ge-

1) Neander, Allg. Geschichte d. christl. Relig. u. Kirche. II, 1. S. 350.

schieden blieb, und deren Trümmer, freilich in kläglicher Ver-
kommenheit, noch heute fortbestehen.

In Armenien erzeugten gleiche Ursachen gleiche Wirkungen."[1])
Döllinger spricht im Zusammenhange dieser Stelle von den
Versuchen einzelner Völker, sich der Katholicität der christlichen Kirche zu entziehen; die donatistische Spaltung nennt
er den stärksten dieser Versuche, „ein Auflodern des Nord-
afrikanischen Volksgeistes".

Wir sahen eine ähnliche Anschauung durch Harnack vertreten. Aber während der Letztere geneigt erscheint, das
nationale Element schon bei der Entstehung des Donatismus
thätig sein zu lassen, will Döllinger dasselbe nur der aus
religiösen oder persönlichen Motiven entstandenen Spaltung
„sich bald beimischen" lassen. Harnack ist demnach über
Döllinger hinausgegangen; aber diese Vordatirung des nationalen
Elementes im Donatismus scheint zunächst an und für sich
richtig zu sein. Denn dasselbe Element, welches hernach eine
Bewegung kräftigt und lenkt, wird meistens, wenn auch
vielleicht mehr oder minder verborgen, doch den Anfängen der
Bewegung einwohnen. Wenigstens gilt dieses Gesetz für Bewegungen, deren Wellen ihre Kreise ein, oder, wie der Donatismus, drei Jahrhunderte hindurch gezogen haben. So lange
Zeit kann ein blos zufälliges Bündniss zweier Elemente, die
sich früher nicht gekannt haben, nicht bestehen. Die Wahrscheinlichkeit der Mitursächlichkeit des nationalen Elementes
im Donatismus, wie Döllinger und Harnack dasselbe im weiteren
Verlaufe des Streites übereinstimmend anerkennen, möchte
weniger bestritten werden.[2]) Es wird darauf ankommen, die
Geschichte auch des Ursprunges des Donatismus darauf hin zu
untersuchen, ob schon in ihr nationale Elemente mitspielten.
Erst danach wäre festzustellen, in wieweit der dritte Typus
der Beurtheilungen des Donatismus überhaupt eine sichere
Unterlage hat.

Die vorliegende Abhandlung will diese Frage be-
antworten: ob und in wie weit in der Geschichte des

---

1) Döllinger, Kirche und Kirchen. München 1861. S. 4.
2) In dem neuesten Handbuche der Kirchengeschichte von K. Müller
findet sich ebenfalls das Urtheil, dass in dem Donatismus auch „ein Kampf
der Rassen" zu erblicken sei.

Donatismus neben den persönlichen Momenten, aus welchen der Streit seinen Anlass nahm, und neben den religiösen Problemen, welche die Controversen substantiirten, nationale Elemente wirksam waren? Schon an dieser Stelle betone ich, dass ich eine Untersuchung zu unternehmen gedenke, und wenn hier das Resultat derselben auf einen Augenblick vorweg genommen werden darf, so ist allerdings zu sagen, dass sich zwar Anhaltspunkte für die Behauptung vorfinden, auch die Anfänge des Donatismus seien schon mit nationalen Elementen verquickt gewesen, dass dieselben aber an sich nicht von so durchschlagender Art sind, dass sie zu einem sichern Urtheil genügten.

Aber anders stellt sich die Sache durch folgende Ueberlegung: Die beiden bisher üblichen Arten der Beurtheilung des Donatismus genügen nicht, um die Entstehung einer so gewaltigen Bewegung zu erklären. Es ist bereits (z. B. durch Voelter) wahrscheinlich gemacht, dass weittragende dogmatische Gesichtspunkte im Anfang nicht vorhanden gewesen sind; die nächsten Veranlassungen aber finden sich nicht bedeutend genug, um die Nachhaltigkeit und die Gluth der Bewegung zu erklären. Es muss also noch ein Moment vorhanden gewesen sein, welches den Untergrund gebildet hat, ein Moment, das vermöge seiner eigenthümlichen Art im Stande war, weitere Kreise für den anfänglich untergeordneten Streit nicht nur zu interessiren, sondern sogar leidenschaftlich zu erregen.

Wenn sich nun Anhaltspunkte finden, dass nationale Motive damals überhaupt in Nordafrika vorhanden gewesen sind, wenn sich ferner nachweisen lässt, dass sie auch bei diesem Streite mitgewirkt haben, so haben wir damit einen Punkt gefunden, der geeignet ist, das sonst unlösbare Räthsel, wie der Donatismus eine solche Macht habe werden können, zu lösen, und in diesem Zusammenhange gewinnen die auf diesen Punkt hinweisenden Anzeichen eine grössere Beweiskraft, als ihnen in ihrer Isolirtheit zukommen würde.

Wenn in einem Bau ein Stein fehlt, ein gewisser Stein aber gerade in diese Lücke hineinpasst, so ist damit die Wahrscheinlichkeit gegeben, dass er der fehlende gewesen ist. Nur zu einer solchen Wahrscheinlichkeit kann es die folgende Untersuchung bringen, aber zu ihr m. E. auch wirklich, und erst durch diese Beobachtung, dass das nationale Moment eine sonst offen bleibende Lücke im Verständniss des Donatismus und namentlich der Anfänge desselben auszufüllen geeignet ist, gewinnt die von Döllinger gemachte geniale Bemerkung ein grösseres Gewicht, als sie sonst haben würde.

§ 2. Die Quellen der Geschichte des Donatismus.

Die über dieselben bisher geführten kritischen Verhandlungen.

Um nicht den Gang der nachfolgenden Untersuchung durch Erörterungen darüber zu unterbrechen, welche Quellen als zuverlässige, und welche als minderwerthige zu betrachten seien, sei hier eine kurze Uebersicht der vorhandenen Quellen vorweg gegeben, sowie der Stand der darüber gepflogenen kritischen Verhandlungen angegeben. Meine Stellung zu den Resultaten dieser Verhandlungen sei aus demselben Grunde hier vorweg bezeichnet und bei denjenigen Stücken, welche auf die mir vorliegende Frage ein Licht zu werfen geeignet erscheinen, näher begründet.

Die an erster Stelle zu nennende Quelle für die Geschichte des Donatismus sind die 7 (oder 6) Bücher des Optatus von Mileve.[1] Sie sind an erster Stelle zu nennen nicht ihrer Genauigkeit, Zuverlässigkeit oder Unparteilichkeit wegen, sondern weil sie die einzige zusammenhängende Darstellung des Streites, die aus dem Jahrhundert des Donatismus selbst stammt, bieten. Die Schrift, deren Abfassung man zwischen 368—370 setzt, ist mehr als ein halbes Jahrhundert von der Entstehung des Schismas getrennt, weshalb empfindliche Irrthümer und Lücken grade die Erzählung der Anfänge des Streites ungenau machen. So ist z. B. der wichtigste Synodal-Beschluss, der dem entstandenen Schisma zu einer prinzipiellen dogmatischen Unterlage verhalf, der zu Arles, gar nicht erwähnt. Vor allem aber stellt sich die Schrift des Optatus als eine Parteischrift einseitigster

---

1) Optati Milevitani de schismata Donatistarum libri VII ed Du Pin. Paris 1700 und 1702 und Antwerpen 1702. Ich citire nach der letzteren Ausgabe. Du Pin hat seinen Ausgaben eine vollständige Sammlung der zur Geschichte des Donatismus gehörigen anderweitigen Urkunden u. s. w. beigegeben. Ich citire die letzteren unter der Angabe: Bei Du Pin Monumenta und die Seitenzahl.

Auffassung und schärfster Tonart dar. Besonders aus diesem letzteren Grunde ist in der Benutzung des Optatus als Geschichtsquelle einige Zurückhaltung geboten.

Neben Optatus, oder vielmehr aus der Zeit vor demselben sind sodann noch einige Märtyrer-Akten, oder Akten von Prozessen, die in Folge des Donatisten-Streites von beiden Parteien vor den weltlichen Gerichten geführt wurden, kaiserliche Reskripte, amtliche Berichte und einzelne Briefe, theilweise selbständig auf uns gekommen, theilweise aus anderen Schriftstellern zu entnehmen.[1])

Ueber diese, auf die erste Phase des Streites sich beziehenden Nachrichten hat nach Deutsch und Voelter Seeck[2]) eine umfassende Kritik geliefert. Endlich hat der Abbé Duchesne[3]) im X. Bande der „Mélanges d'archéologie et d'histoire publiés par l'école française de Rome" unter dem Titel „le dossier du donatisme" ein vollständiges Quellen-Corpus, hauptsächlich fussend auf einer handschriftlichen Sammlung des 9. Jahrhunderts aus der Abtei Cormery bei Tours, zusammengestellt. Während Voelters Kritik nur wenigen Urkunden eine relative Echtheit zugestehen will, hat Seeck bei weitem die meisten, Duchesne alle Urkunden für echt und selbst die Darstellung des Optatus als glaubwürdig ausgegeben.

Seeck hat unter 29 Nummern sämmtliche auf die Entstehung des Donatismus Bezug habenden Gesetze, kaiserlichen Briefe, prokonsularischen Berichte, ausser den bei Deutsch und Voelter schon erwähnten Akten, ausführlich besprochen. Diese Besprechung schreitet in folgender Ordnung vor: zuerst werden die bei Eusebius aufbewahrten Urkunden behandelt (Nr. 1—4), danach die in der Collatio 411 producirten Stücke, und zwar zuerst die von katholischer Seite (Nr. 5—12), dann die von donatistischer Seite aufgeführten Beweismittel (Nr. 13—20), ferner drei uns anderweitig erhaltene Aktenstücke (Nr. 21—23), sowie endlich diejenigen Dokumente, deren sich Optatus allein bedient hat (Nr. 24—29).

---

1) Vergl. die vorige Anmerkung.
2) Zeitschrift für Kirchengeschichte von Brieger. Bd. X, S. 505—568.
3) S. A. erschienen in Rom 1890. Imprimerie de la paix, Philippe Cuggiani. Via della Pace 35.

Seeck hat nur den bei Voelter zuletzt erwähnten sermo
Donatistae enjusdam de vexatione temporibus Leontiet Ursatii
gar nicht beachtet; er giebt einen Grund hierfür nicht an.[1])
Da, von der letzterwähnten Urkunde abgesehen, Seeck's
quellenkritische Revue nichts ausser Acht lässt, so thue ich
gut daran, seine Ordnung beizubehalten[2]) und zu jeder dieser
29 Kritiken mein Votum hinzuzufügen.

Nachdem Seeck aus einer Stelle der vita Constantini des
Eusebius (I, 44—45) als das Datum des Concils zu Arles den
1. Aug. 316 eruirt hat, führt er drei Briefe und eine Verordnung Constantins an, die uns ebenfalls Eusebius aufbewahrt
hat. Der erste Brief, an Cäcilian selbst gerichtet und diesem
die Summe von 3000 Folles anweisend, erwähnt einen Ursus,
Rationalis von Afrika, der nach einem Gesetz aus dem codex
Theodosianus vom 5. Febr. 313 als damals in seinem Amte stehend
nachzuweisen ist. Die an den Prokonsul von Afrika Anulinus
erlassene Verordnung, durch welche die der Kirche Cäcilians
angehörigen Cleriker Vergünstigungen erhalten, wird in einem
Gesetz des codex Theodosianus vom 21. Okt. 313 angezogen.
Ein weiterer Brief Constantins an den Bischof Chrestus von
Syrakus ladet diesen zum Concil nach Arles: endlich ein —
der Zeit nach vor den vorhergehenden zu setzender — Brief
Constantins an den römischen Bischof Miltiades, wodurch diesem
das Schiedsgericht über das Karthagische Schisma übertragen
wird. Dieser Brief wurde auch auf der Collatio des Jahres
411 verlesen.

Diese vier Nummern versieht Seeck mit einem Echtheits-
Stempel; derselbe ist m. E. anzuerkennen. Er lässt für den im
griechischen Orient schreibenden Eusebius den Bischof Hosius
von Corduba Gewährsmann auch für diese abendländische
Angelegenheit sein.

1) Voelter hat den hier geschilderten Vorfall zwischen 307 und 321
datirt und ihn darum unter die auf die Entstehung bezüglichen Stücke
gesetzt; Seeck scheint die Urkunde später zu datiren und dieselbe darum
ausgelassen zu haben.
2) Die umfangreichere in 55 Nummern bestehende Besprechung
Duchesne's, welche die vorhandenen und die nicht mehr vorhandenen
Urkunden anführt, dürfte einem deutschen Leserkreise schwerer zugäng-
lich sein, als die Seeck'sche Abhandlung.

Der folgenden Abtheilung, der, zunächst von den Katholiken, auf der Collatio zu Carthago 411 vorgetragenen Aktenstücke erste Nummer (Nr. 5) bildet die Antwort des Prokonsuls Anulinus auf die vorhin erwähnte Verordnung Constantins. Dieselbe datirt sich vom April 313. Nr. 6 ist ein Bericht desselben Anulinus an Constantin, dass Cäcilian mit 10 ihm anhängenden und mit 10 ihm widerstrebenden Clerikern nach Rom gereist sei. Nr. 7, ein Begleit-Bericht des Prokonsuls Aelianus zu Nr. 8, den Untersuchungsakten gegen den Bischof Felix von Aptunga, den Ordinator Cäcilians. Die Datirung dieser Akten auf den 15. Febr. 315 ist von Seeck hinreichend begründet. Nr. 9 lässt am 10. Nov. 316 Constantin seine entgültige Entscheidung gegen die letzte Appellation der Donatisten wider die zu Arles gefällte Entscheidung an den Vikar von Afrika, Eumelius, mittheilen.

Zur Entscheidung der Frage, ob in den Zeiten der Verfolgung die Abhaltung einer Synode möglich gewesen wäre, wurden in Carthago im Jahre 411 Märtyrer-Akten verlesen, aus denen dieses hervorgehen sollte; von diesen Akten ist nichts auf uns gekommen (Nr. 10). Die Akten des zu Rom unter Miltiades abgehaltenen Schiedsgerichtes (Nr. 11) sind nach eigener, richtiger Angabe vom 2. Okt. 313 datirt. Die uns erhaltenen Nachrichten über diese Akten substantiiren die Verhandlung zu wenig; wir erfahren nur, dass Cäcilian angeschuldigt, aber nicht überführt worden sei von seinen Gegnern; dass dagegen Donatus — gemeint ist Donatus von Casä Nigrä — verurtheilt sei,[1] weil er „Altar gegen Altar errichtet habe", erfahren wir an einer anderen Stelle. Aber dass der Vorwurf der Tradition schon in dieser Verhandlung als Anklagepunkt gegen Cäcilian formulirt worden sei, erfahren wir aus diesen Akten nicht. Wenn die Donatistischen Klagen, dass sie in dieser römischen Untersuchung vergewaltigt worden, und dass man ihnen den genügenden Raum, alle ihre Beschwerdepunkte darzulegen und ihre Beweise herbeizuschaffen, widerrechtlich verkürzt und verweigert habe, auf irgend einer Thatsächlichkeit beruhen, so kann man unter diese in Rom unterdrückte Beschwerdepunkte

---

1) Aug. brevic. collat. cum donatistis III, 24 und 34. Tom. 9, 637 und 613.

den Traditions-Vorwurf gegen Felix von Aptunga (vergl. oben Nr. 8 der Seeck'schen Untersuchung) subsumiren. Und die Donatistischen Beschwerden müssen sich doch irgendwie als berechtigt ausgewiesen haben, da sonst Constantin nicht in eine erneute Untersuchung eingewilligt hätte.

Bei dem folgenden Stücke (Nr. 12) kommt die Kritik Voelters und Seecks zu entgegengesetzten Resultaten. Der erstere verwirft das Dokument, der letztere vertheidigt die Echtheit der Akten der Synode von Cirta.[1]

Wie uns Optatus[2]) erzählt, hätten sich eine Anzahl Numidischer Bischöfe nach der Diokletianischen Verfolgung behufs Ordination eines Bischofs in Cirta zu einer Synode zusammengefunden. Zu Beginn der Verhandlungen habe der damals als Primas von Numidien fungirende Bischof Sekundus von Tigisis die Frage gestellt, ob die Versammelten rein von der Sünde der Tradition seien? Als einige sich mehr oder minder schuldig bekannten, ja als ein Bischof mit frecher Stirn ein Mörder zu sein eingestand, als endlich der Vorsitzende selbst der Tradition bezichtigt wurde, da machte der Neffe des letzteren den Vorschlag, man solle alles auf sich beruhen lassen. „Und sie antworteten: ihrem Gott mögen sie Rechenschaft ablegen! Sekundus sprach: Ihr wisst es, und Gott. Setzt euch. Und alle antworteten: Gott sei Dank!"

Schon dieses deo gratias müsste stutzig machen, denn Augustin[3]) bezeugt uns ausdrücklich, dass die Grussformel der Donatisten deo laudes gelautet habe, während deo gratias ein Schibboleth der Katholiken gewesen sei.

Dieses Aktenstück hat uns Augustin[4]) aufbewahrt. Optatus[5]) hatte sich auf das Zeugniss der Schriften des Diakon Nundinarius und alter Pergament-Urkunden berufen, die er vorzeigen könne. Jedenfalls meint er mit den letzteren das von Augustin mitgetheilte Aktenstück, während „die Schriften des Nundinarius" der unten näher zu erklärende Libellus Nundinarii sind.

---

1) Bei Du Pin. Monum. pag. 175. Bei Voelter S. 92 ff. Bei Seeck S. 524 ff.
2) I, 13, 14, pag. 14.
3) Enarratio in psalmum 132, n. 6. Tom. 4, 1732.
4) Contra Crescon. Donat. l. III, 30. Tom. 9, 510.
5) I, 14, pag. 15.

Seecks entgegenstehende Meinung, dass diese scripta Nundinarii die acta concilii Cirtensis seien, bei deren Abfassung im Jahre 305 der im Jahre 320 noch als Diakon fungirende Nundinarius schon als Protokollführer „wahrscheinlich" fungirt habe, geht ihm „mit zweifelloser Sicherheit" aus dem Zusammenhange hervor. Mir ist der Gedanke daran, geschweige eine „zweifellose Sicherheit", aus demselben Zusammenhange nicht gekommen.

Voelters Behauptung geht nun dahin, dass diese Akten eine tendenziöse Fälschung seien, um die Gegner des Cäcilian, welche ihn der Tradition, oder wenigstens von einem Traditor geweiht zu sein, bezichtigten, selbst dieses Vergehens zu überführen. Dieses Cirtenser Concil hätte nach seiner eigenen Datirung „nach der (Diokletianischen) Verfolgung" stattgefunden. Bei der angeblich im Jahre 320 stattgehabten Verhandlung des Prozesses: Diakon Nundinarius contra Bischof Silvanus von Cirta wegen Tradition — es ist dies das Stück: gesta apud Zenophilum — sei ein Libellus des Nundinarius[1]) zur Verlesung gelangt (offenbar die erste der von Optatus angeführten Quellen seiner Erzählung), in dem er alle möglichen Anklagen gegen die Cirtensische Geistlichkeit, deren Mitglieder im Jahre 320 nach Seecks eigener Beweisführung an der Person des Nundinarius im Jahre 305 an den Verhandlungen des Concils theilgenommen hätten, zusammenhäufe, aber von den in den acta concilii Cirtensis berichteten, heimlich gehaltenen und doch offenbar gewordenen Sünden wisse er nichts. In diesem Umstande erblickt Voelter „den stärksten Beweis gegen die Echtheit der acta concilii Cirtensis".

Voelter übersieht hierbei den Einwand, dass allerdings eine unter Bischöfen getroffene heimliche Uebereinkunft dem Diakon Nundinarius hätte verborgen bleiben können; dass demnach der 368—370 schreibende Optatus die erst nach 320 ruchbar gewordenen Verhandlungen hätte kennen lernen und mit den in dem Libellus des Nundinarius angeführten Vergehen, der Bestechung durch die Lucilla u. s. w. zusammen stellen können.

1) Bei Du Pin Monum in den Gesta apud Zenophilum pag. 168 Columne 2 Zeile 1 v. u.

Seeck hat diesen Einwand bei seiner Vertheidigung der Echtheit der Urkunde auch nicht erhoben. Er will ihn sogar abschneiden, indem er den im Jahre 320 als Diakon in Cirta fungirenden Nundinarius bei dem anderthalb Jahrzehnt früher behaupteten Concil in Cirta das Protokoll führen und daher Kenntniss der Akten gewonnen haben lässt. „Wahrscheinlich" — ein anderer Grund wird nicht genannt — habe Nundinarius dieses Protokoll geführt! Wäre aber auch die Beweisführung Seecks in diesem Punkte eine glücklichere, so würde er nur den Ast absägen, auf dem er selbst sitzt: wenn die Akten existirten, und wenn Nundinarius davon wusste, hätte er sie in den gesta apud Zenophilum, wo er, trotzdem er nur Kläger war, doch als der eigentliche Leiter der Verhandlungen erscheint, auch auf irgend einem Wege zur Verlesung zu bringen gewusst.

Seeck versucht ferner, die im Jahre 411 auf dem Kartha-gischen Religions-Gespräch Seitens der Donatisten erhobenen Einwände nochmals als unberechtigt darzuthun. Dieser letztere Theil der Voelter-Seeck'schen Controverse stehe dahin; da-gegen hat Seeck den von Voelter angezogenen, m. E. nicht genug hervorgehobenen, triftigsten und in der Sache selbst liegenden Gegengrund gegen die Akten gar nicht gewürdigt, noch weniger widerlegt: es bleibt nämlich mehr wie verwunder-lich, dass Bischöfe sich untereinander der schändlichsten Dinge sollten überführt und danach beschlossen haben, diese Dinge im Verborgenen ruhen zu lassen, dann aber hätten sie das alles, die Schändlichkeiten und ihr lügenhaftes Vertuschen der-selben, zusammen fein säuberlich — protokollirt.

Statt diese Unmöglichkeit wahrscheinlich zu machen, be-streitet Seeck die Möglichkeit einer Fälschung zuerst mit der Erwägung, dass während „Fälscher ihre Farben gern etwas dick auftragen" (S. 530 Z. 2 v. o.), die erzählten Fälle von Tra-dition sehr leichter Art seien; gleich danach findet er es aller-dings „sonderbar", dass der von Voelter behauptete Fälscher dieser Akten einem Theilnehmer des Concils sogar einen Mord „in so plumper Weise aufhänge" (S. 531 Z. 6 v. u.). Zuerst sollen Fälscher „gerne dick auftragen", und wenn sie es thun, findet Seeck es „sonderbar"!

2*

Die acta concilii Cirtensis sind mit Voelter und gegen
Seeck für eine Fälschung zu halten, welche vielleicht anti-
donatistische Gerüchte in einer beweiskräftigen Form fixiren
sollten. Es ist möglich, dass diesen Gerüchten einiges Thatsächliche die Grundlage bot; ob und wie weit? Das zu bestimmen erscheint heute unmöglich.

Als Ergebniss der geschilderten kritischen Verhandlung,
soweit dieselbe auf die mir vorliegende Frage Einfluss hat,
seien folgende zwei Punkte angenommen: Das Aktenstück verfolgt den Zweck, Numidische Bischöfe, an ihrer Spitze den
damaligen Primas von Numidien, Sekundus von Tigisis, mo-
ralisch zu vernichten. Wenn Thatsachen, nicht blosse Tendenz-
Gerüchte, dem Schriftstücke eine Unterlage geboten haben,
so hatte diese heuchlerische Vertuschung schwerer Sünden in
Numidien sich abgespielt, und die Thäter waren diejenigen
Numidier, welche nachmals dem Cäcilian zuerst widerstanden
und von Numidien aus in Karthago das Schisma ver-
ursachten.

Wie bei Seeck überhaupt die Donatisten schlecht fort-
kommen, so leitet er die Besprechung der von diesen im Jahre
411 producirten Urkunden mit dem Versprechen besonders
strenger Prüfung ein. Seeck sowohl, als Duchesne übersehen,
dass die letzte Bericht-Erstattung über die Collatio in katholischen Händen lag; und wie ich nicht glauben kann, dass das
spurlose Verschwinden der Werke der donatistischen Schriftsteller, eines Donatus, eines Parmenian, ein zufälliges gewesen
ist, so ist „das Vorschieben von Formfragen, um die Debatte
womöglich ganz zu vereiteln", nur der Furcht der Donatisten
entsprossen, die durch die nach dem Religions-Gespräch in's
Werk gesetzten Gewalt-Massregeln als nur zu berechtigt sich
erwiesen hat. Voelter hat häufiger auf diesen erschwerenden
Umstand hingewiesen, dass die Quellen fast alle katholischen
Ursprungs oder katholisch überarbeitet seien.

Bei Nr. 13 kann sich die Seeck'sche Strenge beruhigen:
dieselben Märtyrer-Akten sind auch von den Katholiken citirt
worden. Die bei Du Pin abgedruckte Urkunde sei zwar eine
tendenziöse donatistische Ueberarbeitung der in der Collatio
vorgebrachten Akten. Dieses Urtheil hatte Voelter ebenfalls
gefunden.

Der nunmehr besprochene Briefwechsel zwischen Mensurius, dem Vorgänger Cäcilians auf dem bischöflichen Stuhle von Karthago und Sekundus von Tigisis, dem Primas von Numidien, (Nr. 14) steht in einiger Beziehung zu der Frage nach einem nationalen Elemente im Donatismus. Mensurius erzählt in seinem Briefe, dass er die heiligen Schriften zwar in der Diokletianischen Verfolgung in Sicherheit gebracht, dagegen einige häretische Schriften von den nachspürenden Behörden habe finden lassen. Die Behörde, obwohl von der Täuschung in Kenntniss gesetzt, habe sich zufrieden gegeben. Ferner sei nöthig, diejenigen, die sich zu einem Martyrium gedrängt hätten, nicht zu ehren, da sehr oft unreine Motive die Martyriums-Sucht hervorgerufen hätten. Die Antwort des Sekundus ist in der Form sehr vorsichtig gehalten; aber gegen Voelter[1]) ist zu urtheilen, dass der Inhalt des Briefes eine direkte Verurtheilung der Handlungsweise des Mensurius darstellt. Mensurius hat die heidnische Behörde getäuscht und sich ihres Wohlwollens getröstet, Sekundus hat derselben getrotzt und ihr Wohlwollen zurückgewiesen. Auf die Unterscheidung des Mensurius zwischen freiwilligen und unfreiwilligen Märtyrern geht Sekundus gar nicht ein; er schildert die Leiden der in Numidien verfolgten, ja getöteten, aber stets standhaften Märtyrer. Die Echtheit dieses Briefwechsels ist von Niemandem bestritten worden. Wir ersehen aus den Briefen, dass schon vor des Mensurius Tod eine starke Partei in Karthago mit seiner Behandlung der sich zum Martyrium vordrängenden Christen nicht zufrieden war. Um gegen diese ein schlagendes Zeugniss zu besitzen, will Mensurius eine Aeusserung des Primas von Numidien provociren. Ich würde vorgreifen, wenn ich hier schon erörterte, ob die Anrufung dieser Stelle nur eine Folge der kirchenordnungsmässigen Stellung des Primas des benachbarten Numidiens war, oder ob nicht zugleich der Numidische Primas eine volksthümliche Autorität bei den in Karthago wohnenden Christen Numidischer Nationalität darstellte. Einstweilen genüge, dass die Parteiung in Karthago vor des Mensurius Tod vorhanden war, und dass der Numidische Primas die Rigoristen-Partei segnete, statt ihr zu fluchen, wozu ihn

---

1) a. a. O. S. 114 ff.

Mensurius aufgerufen hatte, und dass endlich diese von dem Numidischen Primas gesegnete Partei die der späteren Donatisten wurde. Die beiden folgenden Nr. 15 und 16 protokolliren die Rückerstattung von solchen Kultus-Gegenständen, die in Rom zur Zeit der Verfolgung ausgeliefert worden waren. Sie erscheinen Niemandem verdächtig.

Gegen den zu Rom gefällten Spruch des Miltiades wendet sich eine in verzweifelungsvollen Ausdrücken abgefasste Bittschrift der Donatisten (Nr. 17), in der der Traditions-Vorwurf gegen Felix von Aptunga, den Ordinator Cäcilians, zuerst formulirt worden ist. Hiermit hängt der Brief Constantins an den Prokonsul Probianus (Nr. 18) zusammen, indem ein Zeuge in dem über Felix' Rechtfertigung angestrengten Process nochmals vor den Kaiser citirt wird. Ein weiterer Brief Constantins vom 5. Mai 321 empfiehlt dem Vikar von Afrika, von nun an Toleranz gegen die Sektirer zu üben. Den Gründen Seecks, welche er für die Echtheit dieser Dokumente anführt, ist beizutreten.

Dagegen trete ich der von Voelter und Seeck vollzogenen Verwerfung der Akten des gegen Cäcilian gehaltenen 70-Concils zu Karthago nicht bei. Beide müssen zugeben, dass die im Jahre 411 producirten Akten damals von keiner Seite angefochten worden sind, aber sie begründen ihr Urtheil im Wesentlichen darauf, dass die vorhandenen Auszüge dieser Akten den aus der Tradition des Felix von Aptunga, des Ordinators Cäcilians, abgeleiteten Vorwurf gegen Cäcilian selbst erheben, dass aber dieser Vorwurf auf der zu Rom geführten Untersuchung noch keine Rolle gespielt habe. Ich kann hierauf nicht kürzer, als mit den Worten Duchesne's [1]) antworten: „1. Dass das Römische Concil berufen war, nicht, um über das Synodal-Protokoll des schismatischen Concils zu Karthago zu berathen, sondern über den libellus criminum Caeciliani, der von den Abtrünnigen an den Kaiser gerichtet und von diesem dem Pabst Miltiades übersandt war; 2. dass die Reklamationen dieser selben Abtrünnigen gegen den Spruch des Römischen

1) S.-A. pag. 47

Concils sich eben darauf gründeten, dass man dort nur einen Theil ihrer Beschwerden geprüft habe."

Ich habe dem im Interesse der mir vorliegenden Untersuchung noch hinzuzufügen, dass Seeck [1]) in der Bestreitung der Echtheit der Akten des 70-Concils einen Grund daraus ableitet, dass „Monate vergangen sein mussten, ehe die Besucher des Concils aus allen Theilen Afrikas sich hätten versammeln können". Aber es wird eben, wie wir später sehen werden, betont, dass die Theilnehmer dieses Concils aus Numidien stammten, und der Einwand Seecks kann nur wahrscheinlich machen, dass die 70 Numidier nach einem schon seit längerer Zeit vorbereiteten Plane zusammengekommen sind und gehandelt haben.

Wenn Seeck es ferner erstaunlich findet, dass das principiell wichtigste Aktenstück, nämlich der Beschluss des Concils zu Arles (Nr. 21) in der Karthagischen Disputation 411 nicht zur Verlesung gebracht, sondern dass sein Inhalt nur aus einem kaiserlichen Briefe wiedergegeben worden ist, so weiss ich auch keinen anderen Grund hierfür anzugeben, als den von Seeck vermutheten: dass die afrikanischen Bischofs-Archive keine Abschriften der Kanones des Gallischen Concils enthalten hätten.

Die Akten der Privatklage des Diakon Nundinarius gegen den Bischof Silvanus von Cirta werden von Voelter verworfen, von Seeck (Nr. 22) dagegen vertheidigt. Ich trete der Meinung des letzteren bei, und zugleich seinem Urtheil [2]), „dass die Urkunde für die Geschichte des Donatismus nur von sehr geringer Bedeutung ist."

Die folgende Nr. 23 erkennt ein Gesetz Constantins, durch welches den Donatisten ihre Kirchen entzogen wurden, als echt an, während die von Optatus mitgetheilte erste Klageschrift der Donatisten an den Kaiser (Nr. 24) schon ihrer Unterschrift wegen von Voelter und Seeck übereinstimmend verworfen wird. Dasselbe Urtheil wird über ein wahrscheinlich der von Optatus seinem Buche angehängten Urkunden-Sammlung einst angehöriges Dokument (Nr. 25) gefällt, nach welchem für donatis-

---

1) a.. a. O. S. 539 ff.
2) a. a. O. S. 547.

24

tische Cleriker freie Reise von des Kaisers Hoflager in Trier nach ihrer Heimath angeordnet wird. Wenn sodann Seeck unter Nr. 26—29 Briefe Constantins, u. a. solche an Aelafius und Celsus, Vikar von Afrika, ebenfalls von der den Bischöfen zu gewährenden freien Reise handelnd, sowie Akten über die Entsendung der beiden Bischöfe Eunomius und Olympius nach Karthago, damit diese dort erklärten, wo die katholische Kirche sei, Akten, welche einst Optatus in der seinem Werke angekängten Urkunden-Sammlung aufbewahrt hatte, sämmtlich verwirft, so dürfte dieses Urtheil nach den Ausführungen Duchesne's einer erneuten Prüfung zu unterziehen sein. Die mir erst kurz vor der Drucklegung dieser Abhandlung zugekommene Urkunden-Prüfung Duchesne's hat mich nicht ohne weiteres zustimmen lassen, aber sie hat die Geneigtheit, die überkommenen Stücke für echt zu halten, bestärkt.

Da jedoch die letzten Nr. Nr. überhaupt von geringerer Bedeutung sind, und da sie namentlich auf die mir vorliegende Frage keinen Einfluss haben, sei es mir gestattet, mich hierüber eines Super-Arbitriums in dem Streite Seeck-Duchesne vorläufig zu enthalten.

Die reichste und noch immer zuverlässigste Quelle für die Geschichte des Donatismus ist Augustin[1]. Im 9. Bande des Migne'schen Abdrucks der Mauriner-Ausgabe sind die antidonatistischen Schriften vereinigt. Der 2. Band, die Briefe enthaltend und der 5., die Sermonen enthaltend, bieten ebenfalls zahlreiche wichtige Daten für diesen Abschnitt der Nord-Afrikanischen Kirchen-Geschichte.

Aus den späteren von Du Pin gesammelten Aktenstücken könnten hier nur zwei einer besonderen Vorbesprechung bedürfen: Die passio Marculi Sacerdotis Donatistae und die passio Maximiani et Isaac Donatistarum.[2] Sie geben zwei Einzelbilder aus der staatlichen Verfolgung der Donatisten. Vielleicht mit Ausnahme eines Satzes in dem ersteren Stücke, „dass die

---

1) Augustini opera omnia. Patrologiae Latinae tom. XXXII bis XLVII ed. Migne Paris. Ich citire aus dieser Ausgabe den Augustinischen Band und die Columne. Die Ausgabe des tom. 2 ist vom Jahre 1861, tom. 5 ebenfalls, tom. 9 vom Jahre 1841.

2) Bei Du Pin. Monumenta pag. 193 u. 197.

Verfolgung in Numidien mit besonderer Grausamkeit gewüthet habe", ist aus diesen Berichten zu meinem Thema nichts zu entnehmen. Ich unterlasse daher, hier näher darauf einzugehen. Ebenso muss ich es, als eine hier zu umfangreiche Arbeit, einer späteren Mühewaltung überlassen, das wichtigste Actenstück über den Ausgang des Streites, die gesta collationis vom Jahre 411 zu besprechen. Hinter den Coulissen dieses Schauspiels ist allerdings die Politik als kräftigster Einschlag in die Fäden des religiösen Streites hineingewoben worden.

§ 3. Der Gang der Untersuchung.

Einschränkung des Begriffs nationales Element: dasselbe nur erkennbar an Abstammung, Sprache. Glaube und Sitte. — Das nationale Element findet sich zeitweise mit einem sozialen zusammen.

Bevor ich von einem nationalen Element im Donatismus handele, erscheint es nothwendig, dem Begriff „nationales Element" einerseits eine Einschränkung, anderseits eine Bereicherung zu Theil werden zu lassen.

Zuerst eine Einschränkung: Man wird mir vorwerfen, dass in der römischen Kaiserzeit nichts von nationalen Elementen aufgefunden werden könne. Der Begriff des imperium romanum deckte sich mit dem der Welt, wenigstens mit dem der bekannten Culturwelt. Was jenseits der Reichsgrenzen lag, war barbarisch. Innerhalb der Reichsgrenzen aber sollte es keine Sondervölker geben, sondern die eine griechisch-römische Cultur sollte alle die Völker umfassen, welche durch die römischen Legionen bezwungen waren. Es hiesse — so könnte man einwerfen — moderne Begriffe in die römische Kaiserzeit eintragen, wenn man damals und dort ein nationales Element konstatiren wollte.

Es ist richtig, dass man sich des heutigen Begriffes begeben muss, wenn man von Nationen innerhalb des römischen Reiches redet. Nationen mit eigener Verfassung sind nur jeweilig temporum ratione habita geduldet worden, nationale Willens-Aeusserungen wurden nicht gestattet, und die nationalen Culturen konnten auf die Dauer der umgarnenden und herandrohenden griechisch-römischen Cultur nicht widerstehen.

Aber diese nivellendirende griechisch-römische Weltcultur sah in einigen Ländern unter sich eine starke Unterströmung, meistens auf dem platten Lande einherströmend und immer autochthonen d. h. nationalen Ursprunges. Diese in Ueberresten nationalen Glaubens und nationaler Sitte sich kundgebende Unterströmung ist ein auch in der römischen Kaiserzeit aufzufindendes Merkmal nationalen Wesens.

Die Vermittlerin der griechisch-römischen Weltcultur war in der östlichen Reichshälfte die griechische, in der westlichen die griechische und römische Sprache. Die letztere Sprache galt im Abendlande allein als Amtssprache, im Orient genoss neben ihr die griechische dieses Vorrecht. Aber unter der lateinischen oder griechischen Sprache führte fast überall eine autochthone Sprache ein mehr oder minder zähes Fortleben. Die nationale Sprache ist ein auch in der Cultur des römischen Kaiserreiches nicht leicht und nicht überall untergegangenes Merkmal nationalen Wesens.

Endlich lässt das Bewusstsein, eine gemeinsame Abstammung zu haben und desselben Blutes zu sein, den nationalen Gedanken immer wieder empfinden. Ein landsmannschaftliches Gefühl liess auch in dem sonst fest zusammen schweissenden Kaiserreich die Angehörigen dieses Volkes sich von denen des andern sondern und unter sich zusammen halten. Art hielt sich zu Art, und das Gefühl anderer Herkunft liess Rom gegenüber immer wieder nationale Erinnerungen fortleben.

Nur in dieser Einschränkung darf für die Zeit des Donatismus der Begriff „nationales Element" angewandt und verstanden werden. Diese Einschränkung formulirt demnach zunächst und im Einzelnen folgender Maassen meine Aufgabe:

Sind die Donatisten oder die Hauptmasse derselben durch eine gemeinsame Abstammung verbunden, welche als ein nationales Merkmal gelten kann? Kennzeichnet sich der Kern der Donatisten dadurch als eine nationale Besonderheit, dass in demselben eine besondere Sprache, in, wenn auch nur privatem, Gebrauche war? Und endlich, wenn eine besondere Nation innerhalb des Donatismus als besonders engagirt erscheint, weisen der bei den heidnischen Vorfahren dieser Nation gehegte Glaube und die autochthone Sitte Verwandtschaft oder einen ursächlichen Zusammenhang mit der dem Donatismus eigentümlichen Auffassung des Christentums auf? Nur in diesen drei Punkten: Abstammung, Sprache, Glaube und Sitte kann man vermuthen, dass sich im 4. Jahrhundert innerhalb der Grenzen des römischen Reiches die Kennzeichen eines Volkes offenbart hätten. Darüber hinaus darf man nicht erwarten, ein nationales Element erkennen zu können. Nach diesen drei Punkten wird sich zunächst die Untersuchung gruppiren.

Dieses nationale Element muss ferner ein anderes, das soziale Element, ihm zur Seite treten, ja theilweise mit ihm zusammen fallen sehen. Man wird mir entgegen halten, dass in der römischen Kaiserzeit und in der von den Reichsgrenzen umschlossenen Culturwelt die nationalen Gedanken vor den socialen Nothwendigkeiten zurückgetreten seien.

Die Fürsten und Vornehmen jedes unterworfenen Volkes hatten sich beeilt, Römer zu werden oder doch Römer zu scheinen. Oder das eroberte Land war als Beute des Siegers unter römische Herren vertheilt worden. Diejenigen Einwohner dieser Länder, welche daheim auf ihrer Scholle blieben, und welche die Umwandelung in das Römerthum nicht so schnell oder überhaupt nicht mitmachten, waren die Aermeren. Sie bebauten den Acker nach der Väter Weise und blieben bei der Sprache und in den Anschauungen ihrer Väter; ihre Herren, Römer und ihnen fremd geworden, bedrückten sie härter, als ehedem. Wenn dann die Bedrückten sich erhoben und an den Ketten rüttelten, gewann ein solcher Aufstand leicht einen nationalen Schein, aber er war eigentlich in sozialen Missständen begründet und zog in erster Linie aus ihnen, nicht aus nationalen Gedanken, seine Kraft. Es ist festzuhalten, dass diese Bewegungen einen nationalen Schein hatten und dass thatsächlich ein nationales Element in ihnen mit thätig werden konnte, aber ihrem Wesen nach müssen sie als soziale Aufstände gekennzeichnet werden.

Die grösste und charakteristischte Bewegung dieser Art war die der Bagauden in Gallien, aber „diese soziale, d. h. nach den Verhältnissen des Alterthumes wesentlich agrarische Bewegung ging durchs ganze Reich: überall organisirten sich die Bauern, nahmen statt des Pfluges das Schwert in die Hand

28

und terrorisirten ihre Nachbarn".¹) Und „die donatistische Bewegung in Afrika begann fast gleichzeitig mit der Erhebung der Bagauden in Gallien";²) die ähnlichen Ursachen zeitigten ähnliche Wirkungen. Diese sozialen Bewegungen waren, wie ich vorhin bemerkte, meistens begleitet von einem Erwachen nationaler Erinnerung, denn die gedrückten Bauern waren zugleich unterdrückte Völker. Wir werden sehen, dass der Donatismus in gewissen Phasen mit einer agrarischen Bewegung in Nordafrika parallel lief. Dieses soziale Element im Donatismus wird alsdann der Gegenstand der Untersuchung sein; dasselbe zeigt sich hier mit nationalen Erinnerungen durchsetzt.

Dieser auf nationaler Unterlage sich erhebenden sozialen Bewegung wird ein weiterer Paragraph gewidmet werden. Die kürzeste Ueberschrift desselben würde lauten: Die Circumcellionen.

Nach diesen vier sachlichen Querschnitten durch das Material der Geschichte des Donatismus wird der nächste Paragraph einen der Zeitfolge nach laufenden Längsschnitt ausführen und zeigen, ob wir durch diesen auf besondere politische Begebenheiten stossen, welche in dem Donatismus das nationale Element wirksam erscheinen lassen.

§ 4. Die Abstammung.

Gehörten die Donatisten oder der Kern derselben ihrer Abstammung nach einem Volke an? Die Punier — Die Berbern — Die Römer — Die einander durchdringenden Volksschichten — Die Numidier-Donatisten? Die Controverse Harnack-Reuter — Die Numidier veranlassen die Wahl Majorins. Dieselben hatten den Interventor gesandt. Eine Oppositions-Partei schon vorher vorhanden. Ob einzelne donatistische Personen nationale Kennzeichen tragen?

Die Nord-Afrikanischen Länder — der heutige Sprachgebrauch lässt von diesen Aegypten gesondert sein — fasst

---

1) Julius Jung, Zur Würdigung der agrarischen Verhältnisse in der römischen Kaiserzeit. Von Sybels Histor. Zeitschrift, 42. Band. München 1879. S. 62.
2) Julius Jung a. a. O. S. 58.

Ritter[1]) in Anlehnung an den Namen „Klein-Asien" mit den Namen „Klein-Afrika" zusammen. Dieses Ländergebiet wird südlich durch die Sahara „Die grosse Wüste" begrenzt, im Westen von dem Atlantischen Ocean, im Norden von dem Mittelländischen Meere bespült, während seine östliche Ausdehnung bis an die Libysche Wüste hinanreicht. Nord-Afrika wird demnach heute im Wesentlichen durch die Grenzen der Länder Marokko, Algerien, Tunis und Tripolis umschrieben.

In der Kaiserzeit unterschied man in Nord-Afrika, im Osten des vorhin umschriebenen Gebietes beginnend, zuerst die eigentliche Provinz Afrika prokonsularis, sodann Numidien, mit nur geringem Küstenlande, aber sich um so tiefer in das Innere und hinter die prokonsularis und hinter Mauretanien erstreckend, dann Mauretanien, welches sich wiederum in das westliche Mauretania Tingitana und das östliche Mauretania cäsariensis theilte. Aus Theilen des Letzteren und Numidiens wurde zu einer Zeit die Provinz Mauretania Sitifensis gebildet, wie zeitweise auch Numidien sich in zwei Provinzen gliederte. Ueberhaupt wechselten die Grenzen dieser Gebietstheile ebenso oft, als das Verhältnis, in dem die einzelnen Länder jeweilig zum römischen Reiche standen.[2])

Nord-Afrika trug ungefähr seit den Zeiten des trojanischen Krieges 1194—1184 eine gemischte Bevölkerung, ein autochthones Volk, die Libyer, später die Berbern genannt, und die Phönicier, welche die Besiedelung der Nord-Afrikanischen Küste unternommen hatten. Die Phönicier, weit über die Säulen des Herkules hinausfahrend, sind südlich bis nach Madeira, nördlich bis nach England vorgedrungen, dagegen erscheint es zweifelhaft, ob sich wirklich bis nach den Gestaden der heutigen Ostsee ihre Fahrten ausgedehnt haben.[3]) Sie legten ihre Colonien durchaus und nur als Handels-Colonien

---

1) K. Ritter, Erdkunde. Bd. 1. Berlin 1822.

2) Eine Uebersicht über die zeitliche Folge der Gebiets-Eintheilungen und genauere Grenz-Bestimmungen derselben giebt die neue Schrift von A. Schwarze: Untersuchungen über die äussere Entwickelung der afrikanischen Kirche. Göttingen 1892. S. 2—18.

3) A. von Gutschmid, Kleine Schriften, herausgegeben von Franz Rühl. Leipzig 1890. No. III, Die Phönicier. S. 55.

an, welche den Vertrieb der von den Eingeborenen erzeugten
oder gewonnenen Werthe besorgen sollten. [1]) Ackerbau-Colonien,
welche einen Ueberschuss der Bevölkerung aufzunehmen bestimmt waren, sind von den Phöniciern niemals begründet
worden.

Es liegt in der Natur einer Ackerbau-Colonie, dass ihre
Siedler sich eher und inniger mit der Ur-Bevölkerung eines
Landes vermischen; eine Handels-Colonie treibt weniger enge
Beziehungen in das Innere des Landes hinein. So war auch
das punische Wesen mehr oder minder in den Küsten-Städten
Nord-Afrikas heimisch geblieben, zu einer eigentlichen Propa-
ganda in das Innere des Landes war es nie gekommen. Und
wenn auch die Ur-Bevölkerung, die reichliche und lohnende
Arbeits-Gelegenheit der grossen Hafenstädte aufsuchend, zahl-
reich dorthin strömte, so war sie dort eine abgesonderte niedere
Schicht der Einwohnerschaft. [2])

Der sicilianische Geschichtsschreiber Timäus (352—256 v.
Chr.) lässt die phönicischen Colonien in Gades und in Utika
um 1100 begründet sein; Karthago, קרת־חדשת die Neustadt, [3])
ist nach demselben Logographen im Jahre 814 von Tyrus aus
gegründet worden. [4])

Wir wissen von der Grösse und dem Ruhme dieser Stadt
während des ersten halben Jahrtausend ihres Bestehens nicht
so viel, als die thatsächliche Bedeutung der Stadt an bleibender
Erinnerung verdient hätte. Denn die einzige Stadt, welche
der am Tiber eine zeitweilig mit Erfolg die Weltherrschaft
streitig machen konnte, muss auch eine kraftvolle Zeit der
ersten Entwickelung gehabt haben.

Was Karthago untergehen liess, war der vorhin erwähnte
Uebelstand, dass die Handels-Colonie es nie zu einer gegen-
seitigen Durchdringung mit der Ur- und Land-Bevölkerung
gebracht hatte. Der punische Staat hatte bis zuletzt, wie fast
alle phönicischen Colonien und wie zeitweise die Mutterstädte
selbst, den ersten Landes-Einwohnern einen Tribut entrichtet,

1) Dunker, Geschichte des Alterthumes. Bd. 1. Leipzig 1878.
2) O. Meltzer, Geschichte der Karthager. Berlin 1879. S. 51 ff.
3) Gesenius, Hebr. Wörterbuch s. h. v. 11. Aufl. S. 763 u. thesaurus
Bd. 3, 1237.
4) Müller, Fragm. hist. Graec. I, 1—31.

gleichsam die jährliche Pacht für Benutzung des nicht eroberten, sondern erkauften Bodens. Und ebenso waren die Truppen Hamilkars, wie Hannibals, von den Stammes-Häuptlingen rings umher erkaufte Söldner-Schaaren. Aber von dem durch die Unterstützung numidischer Völkerschaaren erkämpften Siege des Attilius Regulus im ersten punischen Kriege an, bis zu dem Verrath Massinissas, des Königs beider Numidien, ist die kalte Sonderstellung Karthagos gegenüber der umwohnenden Landbevölkerung seine Schwäche gewesen. Nichtsdestoweniger war es unmöglich, dass nicht doch im Laufe des Jahrtausends, während dessen die Phönicier Herren der Küste waren, irgend welche Vermischung der Punier und der Libyschen Urbevölkerung eintrat. Die Benennung Liby-Phoenices, welche nach Livius (21,22) ein „mixtum Punicum Afris genus" bezeichnet, wird von Meltzer [1]) „nur als ein staatsrechtlicher, nicht als ein ethnischer" Begriff angesprochen. Aber während Mommsen [2]) die Städte der Liby-Phönicier ebenfalls als „von Karthago abhängige Phönicier-Städte" bezeichnet, kann er doch nicht umhin, die Bevölkerung derselben nicht rein punisch, sondern libysch vermischt sein zu lassen; das Wort Libyphönicisch hätte sonst keinen Sinn gehabt, oder es wäre mindestens eine schiefe Bezeichnung gewesen, wenn es nur Punier im Lande Libyen hätte bezeichnen sollen. Dass in diesen libyphönicischen Städten punisch und nicht berberisch gesprochen wurde, geschah nach dem Gesetz, dass das, wenn auch zahlreichere, aber in der Cultur tiefer stehende Volk bei der Vermischung die Bildung und die Sprache des höher stehenden Volkes, wenn auch bisweilen erst nach sehr langem Widerstande, annehmen muss. Aber der Kern der libyschen Urbevölkerung, welcher sich von den Städten fern hielt, ist niemals Object einer punischen Propaganda gewesen. Das platte Land blieb darum auch der Hort der libyschen Opposition Karthago gegenüber.

Die strengste Befolgung der Catonischen Mahnung: Carthaginem essa delendam, die darin bestand, dass das zerstörte Karthago nicht wieder aufgebaut werden dürfe, hat nicht all-

---

1) a. a. O. S. 61. .
2) Römische Geschichte, Band 1, S. 436.

zulange gewährt. Karthago wurde wieder aufgebaut, es wurde
mit italienischen Colonisten und mit dem Reste der punischen Bewohner wieder bevölkert. Die römische Civilisation
trat nun das Erbe der Punier an. Wahrscheinlich schon
unter Tiberius oder Claudius musste die phönicische Sprache
ihren amtlichen Platz der lateinischen einräumen; dass dagegen die erstere noch zu Augustins Zeiten eine breite
Stellung im privaten Verkehr einnahm, werden wir später
sehen. Mommsen [1]) lässt die Latinisirung Nord-Afrikas zumeist
durch die Umwandlung der phönicischen Städte-Ordnung in
die italische sich vollziehen; „das veränderte Regierungs-Princip
zog auch in diesem Kreise seine letzten Consequenzen".

Aber dennoch blieb auch für diese latinisirten Punier die
Erinnerung mächtig genug, um sie von Zeit zu Zeit des tiefen
Risses bewusst werden zu lassen, der sie von der Weltbe-
herrscherin am Tiber trennte. Mommsen lässt den römischen
Nationalhass in Afrika so verkehrt und brutal schalten, wie in
keiner anderen Provinz; nicht, um dort neues Leben zu erwecken,
sondern um die Leiche zu hüten, sei die Provinz Afrika geschaffen worden. [2]) Darum aber sei auch noch unter den Kaisern Afrika dem römischen Wesen am fremdesten geblieben,
und die Neurömer von der Rhone und der Garonne hätten
sich besser mit der römischen Herrschaft befreundet, als die
Nord-Afrikaner. [3])

Die Tugenden der Römer hätten die latinisirten Punier
nicht angenommen, dafür, so behauptete man, [4]) seien alle
schlimmen Eigenschaften der alten Punier in den latinisirten
Nord-Afrikanern wieder aufgelebt. Und wenn Karthago in den
ersten 4 Jahrhunderten unserer Zeitrechnung nächst Rom die
grösste und reichste Stadt der lateinischen Reichshälfte war,
so hat es auch den traurigen Ruhm, die unsittlichste Stadt des
Reiches zu sein, lange bewahrt, [5]) wie die Klagen Tertullians
und Augustins beweisen.

---

1) Römische Geschichte, 5. Band 3. Berlin 1886. S. 644 ff. und im
Allgemeinen S. 620 – 659.
2) a. a. O. S. 623.
3) a. a. O. S. 655.
4) Mommsen a. a. O. S. 655.
5) Mommsen a. a. O. S. 653.

Und auch das ersterwähnte Uebel hatten die römischen Erben von dem alten Karthago überkommen: auch die latinisirten, ehemals punischen Küstenstädte Nord-Afrikas haben die Ur- und Landbevölkerung sich zu assimiliren nicht vermocht.

Mehr als die abendländischen Provinzen Gallien und Spanien, wusste Nord-Afrika, innere Verwickelungen und die Parteikämpfe des Reiches schlau benutzend, in stets sich erneuernden Aufständen und Grenzkriegen der Clientel-Staaten die römische Herrschaft ins Wanken zu bringen. Aber diese Aufstände oder Grenzkriege gingen nicht von Karthago aus, sondern von Numidien oder von Mauretanien. Jugurtha und Juba, Takfarinas[1]) und die Gaetulerkriege, die Fünfvölkerfehde, wie „die durch die ganze Kaiserzeit sich hinziehenden Einfälle der Mauren nach Spanien"[2]) haben ihren Ursprung und ihre Kraft in Numidien und Mauretanien gehabt.

In diesen beiden Ländern wohnte hauptsächlich die autochthone Bevölkerung der Libyer oder Berbern. Zwar waren auch in diesen Ländern die Küstenstädte überwiegend, wie früher punisch, so nacher lateinisch geworden, aber der Kern Numidiens und Mauretaniens ist stets berberisch geblieben. Ebenso bildeten die stark belegten Grenz-Garnisonen, wie Lambäsis, römische Oasen.

Die Berbern[3]) sind die eigentliche Urbevölkerung Nord-Afrikas. In der klassischen Litteratur des Alterthums treten die Bewohner Nord-Afrikas zuerst als die Lotophagen im 9. Gesange der Odysse (v. 82—104) auf. Die Lotosfrucht fand sich allerdings an der Küste der kleinen Syrte vor.[4]) Der griechische Logograph Hekatäus, zur Zeit der Perserkriege lebend, hat in seiner περιήγησις oder περίοδος γῆς einige Namen Nordafrikanischer Ureinwohner aufbewahrt.[5]) Eine ausführlichere

---

1) Tacitus annal. II, 52.
2) Mommsen a. a. O. S. 639.
3) Vergl. Tissot, Geographie comparée de la province romaine d'Afrique. Paris 1884. I, S. 386. „Le nom générique de Berbères (Berber, au pluriel Braber), que leur appliquent les Arabes, qu'ils ont peutêtre primitivement porté et qu'ils acceptent aujourd'hui.... paraît le mieux leur convenir."
4) Meltzer a. a O. S. 73.
5) Müller, Fragm. hist. Graec. I, 1—31.

Völkerliste Nord-Afrikas hat nach ihm Herodot aufgestellt (II. 32. IV. 168—198). Einmal an der Küste. das andere Mal in der Sandwüste von Aegypten aus nach Westen vorschreitend, nennt er als Bewohner Nord-Afrikas — nach kurzer Erwähnung einiger kleinerer Stämme — zuerst die Nasamonen, danach die von diesen verdrängten Psyller, landeinwärts von diesen wohne das scheue Volk der Garamanten: westlich der Psyller seien die Maker zu finden, deren landeinwärts wohnenden Nachbaren die Gindanen seien, an der Küste schlössen sich die Lotophagen und Machlyer an, deren westliche Grenze der fabelhafte Tritonsee bilde. Jenseits desselben lässt Herodot noch die Maxyer. die Auseer, die Zaueken und Gyzanten wohnen. In unbestimmter Weise, nicht in der bisher innegehaltenen Richtung, sondern nur mit der Angabe, dass sie die üblichen 10 Tagereisen von den Garamanten entfernt seien, reihen sich die Ataranten an, ein Volk von so niedriger Culturstufe, dass nur das ganze Volk, nicht aber der Einzelne in ihm, einen Namen hätte. Endlich habe er gehört, dass die Atlanten um den Berg Atlas herumwohnten, „dessen Gipfel im Sommer und Winter von Wolken verhüllt sei". Nach dieser Aufzählung fasst Herodot (VI. 197) seine Ansicht dahin zusammen, dass, während Phönicier und Griechen als Colonisten nach Nord-Afrika gekommen seien, die Libyer und Aethiopier, diese gegen Süden, jene gegen Norden wohnend, als Ureinwohner zu betrachten seien.

Ich schalte hier ein, dass Tissot,[1]) gestützt auf das Zeugniss steinerner Denkmäler und auf den merkwürdigen Umstand, dass früher und heute noch viele Berbern blonde Haare und blaue Augen haben und von hohem Wuchse sind, in diesen Ur-Einwohnern eine Arische Einwanderung erblickt, welche von Spanien her Nord-Afrika beschritten habe. Tissot lehnt ausdrücklich ab, dass diese blondhaarigen Berbern etwa den Vandalen auf Rechnung zu setzen seien.[2]) „On ignore la date

---

1) a. a. O. Tome I, S. 403 ff.

2) Der Satz Tissots, dass die Vandalen dort ausgestorben seien ohne die Bevölkerung wesentlich modificirt zu haben, wird mir durch eine gütige Mittheilung des Herrn Professor Hertzberg in Halle bestätigt. Einer der letzten Forschungs-Reisenden habe ihm bezeugt, dass die Elsässer

de cette grande immigration des Aryens en Afrique. Elle est
certainement antérieure au XV siècle avant notre ère, puisque les monuments de la XIXᵉ dynastie égyptienne représen-
tent déjà les Libyens comme un peuple aux yeux bleus et
aux cheveux blonds, tandis que ceux de la IVᵉ les depeignent
comme un peuple à peau brune ou grisâtre" (S. 410). Denn
die blonde arische Einwanderung sei einem arabischen Volke
begegnet, und aus dieser beiden Elementen Vermischung seien
die Berbern entstanden.

Welche Nord-Afrikanischen Völkernamen wir später bei
griechisch und römischen Schriftstellern auftreten sehen, immer
wieder erscheinen, hie und da mit einigen Veränderungen,
die von Herodot gegebenen Namen. Ebenso aber wird, wenn
die Späteren von den jenseits der Wüste wohnenden Neger-
stämmen überhaupt reden, betont, dass die Libyer von der
hamitischen Race, wie auch von den Aegyptern, ganz verschieden
seien.[1]

Bei den älteren Schriftstellern bleibt Libyer die zusammen-
fassende Bezeichnung der verschiedenen Stämme. Tissot[2]
bringt diese Namen in Verbindung mit den להבים der Völker-
tafel Genesis 10, 13 und mit den לובים Nahum. 3,9 Dan. 11,43.
2. Chron. 12, 3, 16. 8. Es sei wahrscheinlich der Name eines einzelnen, und zwar zunächst eines nahe an Egypten wohnenden
Stammes gewesen; hernach sei die Benennung dieses Theiles
die des Ganzen geworden.

Wenn Diodorus Sikulus (13,80), der im Jahre 406 v. Chr.
schrieb, die Benennung νομάδες und μακρούσιοι für die Libyer
neu aufweist, und wenn diese Namen als gemeinsame Bezeichnung der Nord-Afrikanischen Stämme bald in weiteren Gebrauch kommen, so z. B. in Sallusts Nord-Afrikanischer Völkerliste (bell. Jugurth. C 19) als numidae und mauri, so ist die
Bedeutung des Wortes numidae, νομάδες = umherherschwei-
fende „Nomaden"-Stämme nicht mehr zu bestreiten,[3] während

oder Colonisten anderer germanischer Stämme in Algier, unter dem dortigen
Klima kinderlos werdend, ausstürben.

1) Mommsen a. a. O. S. 620.
2) a. a. O. S. 392.
3) Meltzer a. a. O. S. 56 ff. und 79 ff.

über die Benennung mauri, μαυρούσιοι Tissot[1]) eine Erklärung giebt, nach welcher dieser Name den Berbern von den Karthagern als „den im Westen wohnenden" gegeben worden sei.

Die Bezeichnung Afri hat uns weiter nicht zu beschäftigen, da dieselbe von den römischen Schriftstellern für jeden Bewohner des afrikanischen Erdtheils verwandt wird. Mommsen[2]) hat die früher versuchte Ableitung von עפר aufgegeben, lehnt aber auch die Erklärung Tissots,[3]) dass der Name eines um das heutige Tunis herum wohnenden Stammes Aonrigha dem Ganzen den Namen gegeben habe, ab; er bescheidet sich dahin, dass die Ableitung des Namens Afer vorläufig noch im Dunkeln sei.

Tissot bemerkt, dass die Benennung Berbern erst seit den Zeiten der Araber der Gesammtheit der nordafrikanischen Stämme beigelegt worden sei. Dass dieses Wort von βάρβαροι, barbari herstammen, ist nicht nachzuweisen, und es ist nicht ersichtlich, weshalb grade die Nordafrikaner vor allen andern Barbaren von Griechen und Römern mit diesem Worte sollten Barbaren gescholten worden sein. Sondern diese Bezeichnung, ursprünglich ebenfalls die eines einzelnen Stammes, wird von Plinius[4]) als sabarbares und nach ihm von Ptolemäus[5]) als σαβούρβουρες in nordafrikanischen Völkerlisten aufgeführt. Derselbe Name, suburbures geschrieben, kehrt wieder in zwei lateinischen Inschriften,[6]) welche zwischen Cirta und Sitifis, also in Numidien und Mauretanien, gefunden sind.[7])

Dieser Stamm der Sabarberes, Suburbures hat im Munde der Araber dem ganzen Volke den Namen der Berbern gegeben bis auf den heutigen Tag. Die Continuität dieser Bezeichnung durch die Zeiten hindurch verbürgt die Identität der damals durch diese Bezeichnung zusammengefassten Stämme mit dem heutigen, die Länder von Tunis bis Marokko bewohnenden, Volke. Tissot[8]) hat ebenso z. B. an dem Stamme der

---

1) a. a. O. S. 388.   2) a. a. O. S. 621.   3) a. a. O. S. 391.
4) Hist. naturalis V, IV, 4.
5) Geographia IV, II, 17.
6) Corp. Inscript. Lat. VIII. No. 10335 u. No. 8270.
7) Ich wage die Vermuthung, dass der Name der suburbitanischen Märtyrer von dem Namen dieses Stammes sich herleitet, und nicht etwa, wie z. B. Hilgenfeld will, von sub urbe, Märtyrer aus der Unterstadt, zu erklären ist.   8) a. a. O. Bd. I, S. 388 u. 392.

μάζεις des Hekatäus und des Herodot, an den *maziees* der
römischen Schriftsteller nachgewiesen, dass sich derselbe in
dem heute Amazigh genannten Berbern-Stamme erhalten habe,
„puisque la voyelle initiale du mot Amazigh n'est que le pré-
fixe caractéristique du masculin dans les noms berbères." Die
Urbevölkerung Nordafrikas wurde also in den ältesten Zeiten
mit dem Namen der Libyer, in der Kaiserzeit hauptsächlich
mit dem der Numidier oder Maurousier, und von den Arabern
mit dem der Berbern bezeichnet.

Das Völkerbild, welches uns Nordafrika kurz vor dem
donatistischen Streites und während desselben bietet, ist demnach folgendes: Die berberische Urbevölkerung wohnte — abgesehen von den derselben kaum noch angehörenden Stämmen
jenseits der Grenzen des römischen Machtbereiches — hauptsächlich in Numidien und in den beiden Mauretanien, und dort war
sie um so weniger vermischt mit anderen Elementen, je weiter
von der Küste entfernt sie wohnten.

Es lässt sich denken, dass diejenigen ihrer Stammes-
genossen, welche in die Küstenstädte oder in die Prokonsularis
zogen, dort noch eine Zeitlang ihrer Abstammung sich bewusst
blieben, dass dieselben aber, meist der dienenden, hart arbeiten-
den Klasse angehörig und sich gedrückt fühlend, sich leicht
in eine Sonderstellung und Oppositions-Stimmung hineinführen
liessen, die dann ihre Kraft und Richtung von den Stellen aus
erhielt, die sie verlassen hatten: von dem platten Lande Numidiens und Mauretaniens.

Neben ihnen standen die ehemaligen Punier, nunmehr latinisirt, aber alle übeln Eigenschaften eines Mischvolkes an
sich tragend. Das karthagische Volk hatte nun schon die
zweite Wandlung erleben müssen: zuerst waren sie Liby-
Phönicier geworden, die ehemalige Mischung aus Puniern und
Berbern, jetzt war auf diesen punisch-berberischen Stamm
eine römische Krone aufgesetzt.

Die afrikanischen Römer, wenn sie auch in Rom wegen
ihres Latein verlacht wurden,[1] und wenn auch ihre Literaten

---

[1] Marquardt, Römische Staatsverwaltung. Leipzig 1873. I. S. 314:
„Die Schwester des Kaisers Septimius Severus, welcher in Leptis magna
geboren war, sprach so schlecht lateinisch, dass der Kaiser sie nicht in
Rom behalten konnte".

den Vorwurf der „Schulmeisterei" an sich tragen,[1]) suchten
mit um so stärkerem Bemühen die Empfindungen echter Römer
an den Tag zu legen. Selbst ein Tertullian[2]) kennt die Welt
nur als das imperium romanum, denn er meint: „quo usque
saeculum stabit, tamdiu imperium romanum stabit."
Die unter diesen von Italien eingewanderten oder übergegangenen afrikanischen Römern wohnenden Libyer, Liby-
Punier und Punier, mochten sie auch schon mehr oder weniger
latinisirt sein, mussten naturgemäss immer noch durch eine
starke Erinnerung daran, dass nur der unglückliche Ausgang
der zwei punischen Kriege die Weltherrschaft definitiv Nord-
Afrika aberkannt und Rom zugesprochen habe, zusammengehalten
und zu einer Stimmung verleitet werden, welche Opposition
gegen Rom gerne sah, sich unter Umständen an einer solchen
auch betheiligte, aber im Grossen und Ganzen ging diese Oppo-
sitionslust über historische Velleitäten nicht hinaus. Dazu,
thatkräftige Opposition zu unternehmen, ermangelte die latei-
nisch-punisch-libysche Bevölkerung der grossen Städte des
einigenden Bewusstseins gemeinsamer Abstammung.
Will man ein nationales Element in dem römischen Nord-
Afrika auffinden, so ist nicht an Karthago und nicht an die
Nachkommen Hamilkars und Hannibals zu denken, sondern die
Abhänge des grossen Atlas und der mons aurasius[3]) der Kaiserzeit und die Unterthanen der weiland Könige Massinissa und
Juba kommen in Betracht, — wenn auch der Donatismus in
der zwiespältigen Bischofswahl Cäcilian-Majorin in Karthago
seinen Anfang nahm, und wenn auch das formelle Ende des
Streites 100 Jahre später in demselben Karthago proklamirt
wurde.
Haben wir nun irgendwelche Anhaltspunkte dafür, dass der Kern oder nur ein Teil der Donatisten
mit den sich als Numidier fühlenden Bewohnern Nord-
Afrikas identisch gewesen?
Augustin hat seine ep. 58[4]) an einen Senator Pannachius
gerichtet, der durch „Ermahnungen" die afrikanischen coloni

1) Mommsen, R. G., Bd. 5, S. 656.
2) Ad Scapulam lib. 1. Baden Froben 1550, pag. 552.
3) Vergl. die Kiepertsche Karte bei Mommsen a. a. O.
4) Tom. 2, 225.

seiner Güter von der Donatistischen zur Staatskirche zurückgeführt hatte. Dieses Unternehmen sei um so schwieriger gewesen, als diese „coloni Afri eo terrarum, unde Donastistarum
furor exortus est. hoc est in media consulari Numidia" angesie-
delt gewesen seien. Aus diesem Briefe sei zunächst für eine
spätere Erörterung hier schon die Thatsache konstatirt, dass
der vornehme Römer senatorischen Ranges Katholiker war, die
afrikanischen Landarbeiter waren Donatisten. Wie weit — um
diesen Punkt hier beiläufig zu erwähnen — die katholischen
„Ermahnungen" von einem mehr oder minder sanften Druck
begleitet waren, kann man aus diesem Briefe nicht erkennen.
Dass auch Augustin zuerst die Meinung vertreten hat, in geistlichen Kämpfen sei keine äussere Gewalt anzuwenden, sagt er
selbst, fügt aber hinzu, diese Meinung sei später non contra
dicentium verbis, sed demonstrantium exemplis überwunden
worden;[1]) und weitere Anwendungen des compelle intrare
werden wir nachher kennen lernen.

Der 58. Brief sagt also zunächst allgemein, „aus Numidien"
sei der Donatismus entstanden. Im sermo 46 [2]) führt Augustin
diese Nachricht weiter aus: de Numidia nata est pars Donati.
— et tumultum et scandalum Numidae miserunt. Secundus Tigisitanus misit, ubi sit Tigisi, notum est. — Auctor totius hujus
mali Numida haereticus fuit, — in Numidia unde, huc ventum
est, — e. q. s. Augustin weiss, dass der erste Gegenbischof
Caecilians Majorin war, und dass das Schisma in Karthago
zum Ausbruch kam. Aber hier lässt er ausdrücklich „von
Numidien her" den Donatismus geboren sein. Den Bischof
Sekundus von Tigisis zeiht er der ersten Urheberschaft der Spaltung. „Wo Tigisis liege, sei bekannt"; man antwortet aus dem
Context: in Numidien. Tigisis liegt aber in Mauretanien, und
zwar zu Augustins Zeiten in der provincia Mauretania Sitifensis.[3]) Und wenn Augustin ferner das Uebel des Schismas
aus Numidien „hierher" gekommen sein lässt, so scheint er
gänzlich ausser Acht zu lassen, dass Hippo Regius zu seinen
Zeiten ebenfalls zu Numidien gehörte. Die letztere Schwierig-

---

1) ep. 93, 17, tom. 2, 330.
2) serm. 46, 39. Tom. 5, 293.
3) Vergl. die Karte II von Kiepert zu Mommsen R. G. Bd. V. 3. Aufl.

keit lässt sich heben, wenn wir mit Schwarze[1]) damals ein konsularisches und prokonsularisches Numidien unterscheiden, zu welchem letzteren das ehedem zur eigentlichen provincia Africa oder proconsularis gehörende Hippo Regius geschlagen worden ist. Dann hat Augustin gegenüber der neugebildeten Provinz Numidia prokonsularis die Numidia konsularis, d. h. das Hinterland, als das eigentliche Numidien angesehen, wo numidisches Wesen seine Stätte habe. In diesem konsularischen Numidien hatte Augustin nach dem oben angeführten 58. Briefe den Donatismus entstehen lassen. Dagegen hat Tigisis zu keiner Zeit zu einer Provinz Numidien gehört; und andererseits steht zur Unterstützung der Aeusserung Augustins fest, dass Sekundus von Tigisis als Primas Numidiens galt,[2]) — Mauretanien hatte damals wahrscheinlich noch keinen besonderen Primas.[3]) Wenn nun Augustin oben Tigisis mit den Worten einführt: „wo dieses liege, sei bekannt," so muss er diese Stadt, den Sitz des numidischen Primas, auch weniger nach ihrer provinzialen Zugehörigkeit angesehen haben, als vielmehr als Hort bestimmter Anschauungen. Er stellt das Ursprungs-Zeugniss für den Donatismus: „von Numidien her" im allgemeinen Sinne aus, und die „Numidier" sind die landsmannschaftlichen Kreise, welche den Donatismus nach Hippo Regius und nach Karthago verpflanzt haben.

Auch dieser Sermo 46 N. 39 zeigt, dass Augustin die Donatisten als Numidier erkennt, aber zugleich als Angehörige einer geringeren Bevölkerungsklasse ansieht: Der gegen die Donatisten gerichtete Sermon behandelt Hesekiel 84, 1—16. Der dort als rechte Weide verheissene „schattige Berg" könne auf Numidien nicht passen, denn dort finde sich „kaum ein Farrenkraut, man wohne in Felsenklüften". Muscarium heisst aber zuerst „Fliegenwedel", und weil die Farrenkräuter zu diesem Dienst verwandt wurden, ist erst in zweiter Linie dieses Wort der Pflanzenname geworden. Es liegt nahe, ein Wort-

---

1) a. a. O. S. 15 und 22.

2) Augustini l. ep. Parnam 1, 5. Tom. 9, 57: Numidi episcopi venientes cum primato suo tunc Secundo Tigisitano. Breviculus collat. cum Donat. III, 25. Tom. 9, 638.

3) Schwarze, a. a. O. S. 22.

spiel anzunehmen: Der Mangel eines Fliegenwedels bedeutet dort einen Mangel des Comforts, in vieler Augen einen Mangel der Cultur. Der Nachsatz: Die Numidier wohnen in Felsenklüften, zeigt, dass Augustin den donastistischen Irrglauben mit der Numidischen Barberei zusammen gehen sieht. Oben hatte ich konstatirt, dass der Gutsherr Römer und Katholiker, die Arbeiter Numidier und Donatisten waren.

Diese Nachricht Augustins, dass die Entstehung des Donatismus von Numidien herzuleiten sei, stützt sich offenbar auf die Erzählung des Optatus. (I 18, 19 pag. 17 squ.) Nach diesem fochten Missvergnügte[1], die selbst gerne den Karthagischen Bischofsstuhl bestiegen hätten, die Wahl Caecilians an, weil dieselbe „absentibus Numidis" vollzogen worden sei. Diese bei der Wahl übergangenen Numidier seien die treibenden Personen des Schismas geworden. Voelter[2] hat zwar mit Recht die Nachricht des Optatus von den missgünstigen Clerikern nur als einen Versuch, einen Mangel an der Ordination Cäcilians den Gegnern in die Schuhe zu schieben, charakterisirt; ein Versuch, mit dem die weitere Erzählung des Optatus selbst in Widerspruch geräth. Denn nach Optatus hätten die durchgefallenen Canditaten des bischöflichen Stuhles selbst die Wahl beschleunigt und absentibus Numidis vollziehen lassen. Wie konnten nachher dieselben die übergegangenen Numidier zur Hülfe herbeirufen? Aber für die Meinung des Optatus und für die Quellen, aus denen er schöpfte, beweisen die Worte absentibus Numidis, dass die Numidier für diejenigen galten, aus denen der Donatismus hervorgegangen sei.

Wenn diese Nachricht des Optatus sich als stichhaltig erwiese, dass deshalb, weil die Wahl absentibus Numidis vollzogen sei, nachher die Numidier mit 70 Bischöfen, ihren Primas Sekundus von Tigisis an der Spitze, nach Karthago gekommen seien und dem Cäcilian als Gegenbischof Majorin gesetzt hätten, so könnte man darin einen starken Beweis dafür erblicken, dass die ersten schismatischen Kreise des späteren Donatismus aus den Kreisen des Numidischen Volkes ihren Ursprung und ihre Kraft genommen hätten.

---

1) „Botrus et Celestius de spe sua dejecti su[...]
2) a. a. O. S. 119.

THE INSTITUT[...] OF ST. MICHAEL'S COLLEGE LIBRARY

Aber es lässt sich einwenden, dass mit den Worten absentibus Numidis nur die Bischöfe der in der römischen Provinz Numidien wohnenden Christen-Gemeinden gemeint seien, der Christen-Gemeinden, deren Glieder meistens lateinisch sprachen und Bürger des römischen Reiches sein wollten, nicht aber die von den Römern sich absondernden Angehörigen Numidischer Stämme.

Die Beantwortung dieses Einwandes wird zugleich eine Erörterung der Controverse sein müssen, welche, wie ich im ersten Paragraphen anführte, zwischen Voelter-Harnack und Reuter entstanden ist.

Ich werde zunächst darthun, dass allerdings irgend eine Verletzung des Wahl-Modus durch die Worte absentibus Numidis involvirt wird. Danach wird die Controverse zwischen Voelter-Harnack und Reuter zur Besprechung gelangen. Aus der letzteren lässt sich eine Beantwortung der ersten Frage gewinnen, ob die Numidische Nation, oder bloss in Numidien wohnende Christen unter den „abwesenden Numidiern" zu verstehen seien.

Dass die eben dargestellte Auffassung des Optatus nicht irrig war, geht daraus hervor, dass auf der ersten vom Kaiser angeordneten Untersuchung des Streites zu Rom am 2. Oktober 313 im Palast der Kaiserin Fausta, im Lateran, die Klagen über die unrechtmässige und übereilte Wahl des Cäcilian von den Majorinern zwar angemeldet, von den römischen Richtern aber nicht zur Verhandlung gestellt wurden. Auch wenn man gegen Voelter und Duchesne und mit Seeck[1]) den dies bezeugenden Brief Constantins an Aelafius[2]) für unecht halten will, so giebt doch der sicherlich echte Brief desselben Kaisers an den Bischof Chrestus von Syrakus, den uns Eusebius (hist. eccles. X, 5) aufbewahrt hat[3]), Unregelmässigkeiten und Vergewaltigungen in dem zn Rom geführten Prozess an, über welche die Donatisten Klage zu führen hatten. Und Augustin[4]) giebt als die Aufgabe des Römischen Schiedsgerichts an, dass es das Urtheil der 70 „Afri" seinerseits aufheben sollte.

1) a. a. O. S. 555.
2) Bei Du Pin. Monum. pag. 181.
3) Bei Du Pin. Monum. pag. 182.
4) ep. 43, 14. Tom. 2, 166.

Auch aus dieser Stelle eines, des 43. Briefes Augustins sei vorgreifend entnommen, dass er nach Anführung des Gegensatzes: episcopus Romanae ecclesiae und Afri septuaginta, ubi primas Tigisitanus praesedit den dem Cäcilian aufsässigen Theil der Karthagischen Gemeinde als eine seditiosa et ab ecclesiae pace alienata multitudo schildert, welche furiosa et poculo erroris atque corruptionis ebria das Urtheil der 70 Bischöfe zum Unrecht gezwungen hätte. Augustin weiss das vor 100 Jahren entstandene Unheil des Schismas damals hervorgegangen aus Kreisen, die sich als Afri fühlten, die aber zugleich geschoben wurden von den Instinkten einer niederen Volksklasse.

Jenes Urtheil der 70 Numidischen Bischöfe [1]) ist enthalten in den von Augustin im breviculus collationis d III. n. 26 inhaltlich wiedergegebenen Protocoll [2]), dessen näheren Umstände Optatus [3]) ausführlicher erzählt. Augustin ist so vorsichtig, sowohl hier, wie im 43. Briefe Nr. 14—16, nur den Traditions-Vorwurf Gegenstand dieses Karthagischen Siebziger-Concils sein zu lassen. Aber die weitere Ausführung über dieses Siebziger-Concils bei Optatus hat den wichtigen Zug — den Voelter in seinem Bestreben, die Verletzung des Afrikanischen Wahlmodus als ersten Beschwerdepunkt der Majoriner zu erweisen, m. E. zu wenig hervorgehoben hat, — dass Cäcilian sich zu einer Wiederholung der Ordination bereit erklärt. Durch eine solche Erklärung hatte Cäcilian einen Mangel seiner Wahl selbst zugegeben. Der Versuch Augustins [4]) dieses Anerbieten

---

1) Die kühne Bemerkung Voelters (S. 126) „dass dieselben lauter Numidier gewesen, davon kann keine Rede sein" beruht auf einer allzu kühnen Erklärung der angezogenen Stelle. Aug. ep. 43, 17, tom. 2, 168: „Nam in illo concilio ... pauci quidam erant, qui crimina sua infamatis aliis tegere cupiebant. Pauci erant, qui hoc negotium curabant, quamvis in eis esset major auctoritas propter ipsius Secundi societatem". Diese pauci seien die episcopi Numidiae, welche auf dem Cirtenser Concil ihre Schändlichkeiten bedeckt hatten; weil diese pauci Numidier waren, darum — wären alle anderen Theilnehmer dieses Concils keine Numidier! — Aber sie sind doch ausdrücklich „Numidae" und als „von Numidien" stammend gescholten worden.

2) Bei Du Pin. Monum. pag. 176.

3) I, 19, pag. 18.

4) Brevic. collat. d. III n. 29, tom. 9, 641: dixerunt etiam scripsisse Optatum, quod Caecilianus dixerit: „si traditores sunt, qui me ordinaverunt,

Cäcilians als einen Scherz hinzustellen, kann kaum ernst genommen werden. An einer andern Stelle gesteht Augustin[1] unverhohlen zu, dass andere diese Ordination beansprucht hatten und über die Vorenthaltung dieses Rechtes erbittert waren.

An derselben Stelle unternimmt es Augustin, das von den Donatisten behauptete Afrikanische Gewohnheitsrecht, nach welchem die Numidischen Bischöfe, — wie wir nach Optatus wissen, vor allem der Primas von Numidien — den Karthagischen Bischof weichen sollte, durch die Praxis der römischen Kirche zu widerlegen.[2]

Ob Augustin, ob die Donatisten im Jahre 411 Recht hatten, stehe für jetzt dahin, aber zweifellos geht aus dem Vorausgegangenen hervor, dass die siebzig Numidischen Bischöfe des Jahres 311 beanspruchten, dass der Karthagische Bischof nicht ohne ihre Theilnahme gewählt, und dass derselbe von dem Primas von Numidien ordinirt würde. Beides ist bei Cäcilians Wahl nicht geschehen; diese Unterlassung ist damals als ein nicht üblicher Wahlmodus behauptet worden. Dass damit nun eine Verletzung einer längst bestehenden und ständig befolgten Nord-Afrikanischen Kirchen-Ordnung eingetreten sei, wage ich nach dem bündigen Proteste Reuters[3] nicht mehr zu behaupten.

Die entgegenstehende Annahme bleibt zwar möglich, denn wenn schon zu Cyprians Zeiten, ja vor demselben der Karthagische Bischof Primaten-Rechte ausübte[4], könnte man daraus schliessen, dass umgekehrt seine Wahl eine Angelegenheit der Nord-Afrikanischen „General-Synode" gewesen sein müsse. Und neben Reuters bündigem Protest bleibt die — davon zunächst nicht betroffene — Thatsache bestehen, dass die Numidier damals auf ihr Recht Anspruch erhoben haben.

---

ipsi veniant ed ordinent me" Quod quidem si dictum est, ideo dici potuit ad illos irridendos, quibus hoc mandasse perhibetur, quoniam certus erat ordinatores suos non esse traditores.

1) ep. 43, 17, tom. 2, 168.
2) l. c. sicut nec romanae ecclesiae ordinat aliquis episcopus metropolitanus, sed de proximo Ostiensis episcopus.
3) H. Reuter, Augustinische Studien. Gotha 1887. S. 234. Anm. 2.
4) R. Sohm, Kirchenrecht. 1. Bd. Leipzig 1892. S. 352, Anm. 8. — Noch tritt Sohm S. 37, Anm. 8, auf die Seite Voelter-Harnack.

Ich nehme die Gründe des Reuter'schen Protestes im einzelnen durch: Reuter sagt 1. dass die Vorstellung, der Karthagische Bischof hätte auf einer aus ganz Nord-Afrika zusammengetretenen General-Synode gewählt werden müssen, durch keine Quellen-Stelle verbürgt sei. — Dieser Satz ist bis jetzt unwidersprochen geblieben; er ist richtig. 2. werden die beiden oben angeführten Punkte, dass die Numidier bei der Wahl nicht anwesend, noch ihr Primas der Ordinator gewesen seien, als Gegenstände donatistischer Beschwerden zugegeben, dagegen findet es Reuter höchst auffällig, dass weder in Rom, noch in Arles, darüber verhandelt worden sei. Ich halte mich dagegen zu der Darlegung Voelters, dass nach den oben erwähnten Quellen-Stellen gerade die durch processuale Kniffe erfolgte Verschiebung der Beschwerde-Punkte in Rom neue Klagen der Majoriner hervorgerufen habe. Da aber die Lebensführung Cäcilians in Rom besprochen worden ist, so bleibt als unterdrückter Klagepunkt der Majoriner nur die Art seiner Erwählung übrig. Dass in Arles dieser Punkt nicht Gegenstand eines Beschlusses geworden ist, steht fest, dass er dagegen auch dort von den Donatisten zur Verhandlung gebracht worden sei, bleibt möglich.

Wenn ferner Reuter die Erklärung Voelters dafür, dass nur die Numidier, nicht aber die Mauretanier Opposition machten, völlig ungenügend nennt (Voelter hatte die Ersteren als in grösserer Zahl und Nähe befindlich und durch die Rolle ihres Primas als Ordinator besonders interessirt sein lassen), so ist Reuter zu erwidern, dass, obwohl die Mauretanier, oder vielmehr beide Provinzen Mauretaniens, zu Augustins Zeiten einen eigenen Primas haben, deren Würde zu achten und deren Empfindlichkeit zu schonen Augustin[1] anräth, diese kirchliche Organisation im Anfange des 4. Jahrhunderts noch nicht vorhanden gewesen ist, denn wir lesen, dass Sekundus von Tigisis, das doch in Mauretanien lag, Primas von Numidien war; damals war also Mauretanien von Numidien in kirchlicher Beziehung noch nicht getrennt. Ob am Anfang des 4. Jahrhunderts Mauretanien überhaupt soweit christianisirt war, dass die dortigen Gemeinden aus dem täglichen Andrang ihrer Missions-

---

1) ep. 59, 1, tom. 2, 226.

Arbeit heraus an innerkirchlichen Streitigkeiten hätten Antheil nehmen können, erscheint mir zweifelhaft.

Denn die Nachricht des Arnobius,[1] dass die Gaetuler, Tingitaner und Mauretanischen Nomaden erst zu seiner Zeit, also gegen Ende des dritten und zu Anfang des vierten Jahrhunderts christianisirt seien, zusammen mit der, obwohl späteren, doch noch weniger behauptenden Nachricht des Prokopius,[2] dass die Mauretanier noch zu der Vandalen-Zeit meistens dem väterlichen Heidenthum zugethan gewesen seien, — der Zusammenhang beider Stellen bezeugt, dass nicht die stets unruhigen und niemals zur rechten Unterthänigkeit gezwungenen Grenz-Stämme, sondern die innerhalb des römischen Machtbereiches wohnenden Theile dieser Völkerschaften gemeint sind — lassen uns erkennen, dass die oben behauptete Missions-Stellung der Mauretanischen Gemeinden im Anfange des vierten Jahrhunderts noch vorhanden war. Der Umstand, dass schon im Jahre 256 Bischöfe Mauretaniens an einer von Cyprian abgehaltenen Synode theilnahmen,[3] widerspricht dem nicht; die römischen Garnisonen und die Küstenstädte haben in allen Ländern frühzeitig christliche Gemeinden entstehen sehen. Aber in dem Maasse, als Numidien später als die Prokonsularis christanisirt worden ist, ist auch die Christianisirung des Landes Mauretanien später erfolgt. Als dieselbe im Verlaufe des vierten Jahrhunderts sich immer mehr vollzog, bildeten sich auch dort donatistische Gemeinden, und zwar so starke Gemeinden, dass sie wiederum neue Secten erzeugen konnten.[4]

Aber Reuter hätte seinen Einwand auch auf die Provinz Africa proconsularis erweitern können. Denn die in der Eile zusammengerafften Bischöfe von drei kleinen Orten Felix von Aptunga, Novellus von Tyzikum und Faustinus von Tuburba können doch kaum beanspruchen, Vertreter des gesammten Episkopats der Prokonsularis zu sein. Warum haben sich die anderen Bischöfe nicht nur Mauretaniens, sondern auch der Prokonsularis nicht gerührt?

---

1) Adv. gentes 1, C. 10.
2) De bello Vandalivo II, C. 6.
3) Cypriani, Opera ed. Hartel. Vindo 61868—71. I, p. 435.
4) Aug. ep. 93, tom. 2, 321.

Diese Frage stelle ich sowohl an Voelter-Harnack, die in der Wahl Cäcilians, eine Verletzung der Nord-Afrikanischen Kirchen-Ordnung sahen: warum sind nur die Numidier aufgetreten gegen die Wahl Cäcilians? — als auch an die Reutersche Ausführung, die wohl fühlen lässt, dass die Unbeliebtheit, deren sich die Persönlichkeit Cäcilians — angeblich — erfreute, zur Erklärung der Entstehung des Schismas nicht ausreicht; denn diese in Karthago herrschende persönliche Unbeliebtheit müsste sonst weiter über Karthagos Weichbild bis nach Numidien hin gewirkt, und dort schärfste Opposition hervorgerufen haben, während dieselbe Persönlichkeit nach Italien und Gallien hin durch ihre Liebenswürdigkeit geradezu fascinirend gewesen wäre! Daher bringt Reuter (unter No. 5 der Anmerkung 2 auf S. 234) eine „schon lange latent vorhanden gewesene Verstimmung über kirchliche Zustände in Nord-Afrika" in Ansatz. Aber warum ist diese Verstimmung über kirchliche Zustände nicht in den anderen Städten der Prokonsularis zum Ausbruch gekommen? Und warum bedurfte es der Numidier, die in Stärke von siebzig Bischöfen nach Karthago zogen, um dort in der durch ihre Geschichte dazu bestimmten und anerkannten Hauptstadt des Nord-Afrikanischen Bewusstseins eine kirchliche Verstimmung zum Ausdruck zu bringen?

Dieselbe Frage ist der Schluss-Folgerung Reuters (unter No. 6): „dass es nicht kirchlich-politische, sondern religiös kirchliche Interessen gewesen seien, welche die donatistische Stimmung begründet hätten"; entgegen zu halten. Warum mussten diese religiös-kirchlichen Interessen in Karthago durch Numidier vertreten werden? Für die Annahme, dass Numidien vor den anderen Provinzen Afrikas von besonderem religiösen Eifer ergriffen gewesen sei, fehlen jegliche Nachweise. Warum also nennt man überhaupt die Numidier als diejenigen, welche den in Karthago lagernden Zündstoff zur Explosion gebracht hätten?

Wenn kein Herkommen den Numidiern in ihrem Anspruche, bei der Wahl des Karthagischen Bischofs besonderen Antheil zu haben, zur Seite stand, — wie Reuter anzunehmen scheint, — so bleibt es ganz unverständlich, warum die Numidier sich überhaupt in den Kämpfen dieser ersten Zeiten genannt finden. Wenn es dagegen für den von ihnen erhobenen Anspruch — wie Voelter-Harnack annehmen — irgend eine für ganz Nord-Afrika gültige Unterlage gab, so ist zu fragen, warum nur die Numidier, nicht auch andere Bischöfe der Prokonsularis oder Mauretaniens ihre Rechte an der Karthagischen Bischofswahl gewahrt haben?

Allein von dieser Gegenfrage aus bin ich im Stande, eine Antwort auf die letzte entscheidende Frage über die Bedeutung der um die Worte des Optatus, die Wahl sei absentibus Numidis vollzogen worden, sich gruppirenden Thatsachen möglich und wahrscheinlich werden zu lassen: sind unter diesen übergangenen Numidiern christliche Angehörige des Numidischen Volkes, oder in der Provinz Numidien wohnende christliche Neu-Römer zu erblicken? Wenn das Letztere der Fall ist, worauf hätte sich ihr kirchlicher Anspruch, bei der Wahl des Karthagischen Bischofs besonderen Antheil zu haben, gründen können? Hatte etwa die Provinz Numidien eine besonders verdienstliche christliche Geschichte hinter sich? Wir wissen nichts davon.

Aber von Westen her waren in Karthago beständig diejenigen Bestrebungen wirksam, welche die Reaktion der Ur-Bewohner des Hinterlandes gegen die Karthago jeweilig innehabenden Eroberer darstellten. Die Ausläufer der autochthonen Binnenlands-Bewohner waren als die geringere Bevölkerungs-Klasse in Karthago selbst zu finden. Die seditiosa multitudo, welche den Cäcilian nicht haben wollte, waren diese Ausläufer; unter ihnen mochte eine Frau, Lucilla, allein weil sie reich war, leicht eine grosse Rolle spielen. So lange die römische Staatsgewalt die ganze christliche Kirche verfolgte, waren anti-römische nationale Strömungen bereit, mit der ganzen Kirche zusammenzuhalten, falls die Letztere nur dazu willig war. Sobald der Staat mit der Kirche in ein Bündniss zu treten sich anschickte, musste die nationale Opposition mit der Leitung dieser nunmehr staatlich anerkannten Kirche auseinander treten.

Wir werden nachher sehen, dass schon der Vorgänger Cäcilians, Mensurius, in seinem Diakon Felix, der für den aufrührerischen Alexander und gegen den Kaiser Maxentius geschrieben hatte.[1]) ein Element nationaler Opposition hatte beklagen müssen.

Als nach der unsichern Gunst, die Maxentius der christlichen Kirche aus Berechnung zugewandt hatte, der feste Plan Constantins, das auseinanderfallende Reich durch die frisch heraufziehende Macht der christlichen Kirche mit einigenden Banden zu umschlingen, zu seiner allmähligen Ausführung gelangte, mussten nationale Oppositions-Bestrebungen dieser Kirche sich entfremden, nicht ohne dass sie versucht hätten, die Kirche oder einen Theil derselben auf ihre Bahnen zu reissen.

Ob und inwieweit die Numidischen Kirchen früher eine nationale Kirchen-Politik getrieben hatten, ist nicht zu ermitteln, da wir nichts von ihnen wissen. Aber, da kirchliche Verdienste nicht bekannt sind, ist es das nächstliegendste, den von dem kirchlichen Numidien erstrebten und selbst von Cäcilian anerkannten Einfluss in Karthago als eine Folge der von dem politischen Numidien nach Karthago führenden Beziehungen anzusehen.

Es ist also nur ein indirecter Beweis, auf den sich die Meinung stützen kann, dass die Numidier, welche die Urheber der Opposition gegen Cäcilian sind, nicht blos Bewohner der römischen Provinz Numidien, sondern Angehörige des Numidischen Volkes sind. Man könnte noch dazu gegen diese an sich schwache Stütze Folgendes einwenden: in den im § 2 erwähnten Urkunden, den einzigen der Entstehung des Donatismus gleichzeitigen Zeugnissen, die auf uns gekommen sind, ist — mit Ausnahme der Akten des Cirtenser Concils — sonst kein Anhaltspunkt dafür zu finden, dass die Kraft des Majoristischen Schismas in Numidien gewohnt habe.

Dieser Einwand wiegt zwar nur als ein argumentum e silentio, und der aus der einzigen Ausnahme der angeführten Urkunden, aus den acta concilii Cirtensis, zu entnehmende Beweis wiegt ihn mindestens auf. Die Akten des Cirtenser Concils sind, wie wir im § 2 gesehen hatten, eine von katholischer Seite ausgegangene tendenziöse Fälschung, die den Zweck

---

1) Vergl. Gibbon, Geschichte des Sinkens und Unterganges des römischen Weltreiches. Deutsch von Sporschil. Leipzig 1862. Cap. 16, Bd. 3, S. 64 f.

verfolgt, die Numidischen Bischöfe und vor allem ihren Primas desselben Vergehens der Tradition zu überführen, dessen wegen sie den Cäcilian verwarfen. Dieser Nachweis hätte in den Martyriums-freudigen und Confessions-eifrigen christlichen Kreisen aller Städte Nord-Afrikas seines Eindrucks nicht verfehlt, am wenigsten in Karthago, dort wäre dieser Nachweis auf den Namen des Majorin, des Botrus und Celesius lautend, von grösster und directer Wirkung gewesen. Oder, da die Fälschung erst nach 320, nach dem Prozess des Diakon Nundinarius gegen den Bischof Silvanus von Cirta, sich hervorwagte, wenn man diese bewusste Fälschung nicht nur durch einen zeitlichen, sondern auch durch einen örtlichen Zwischenraum einer Prüfung möglichst entziehen wollte, warum verlegte man den Schauplatz dieser schändlichen bischöflichen Vereinbarung von Karthago, wo diese Veröffentlichung zumeist wirken sollte, gerade nach Cirta in Numidien?

Wenn aber dieser Cirtenser Verhandlung irgend welche Thatsachen eine Unterlage geboten hätten, so zeigten die letzteren, dass in Numidien durchaus nicht die opferfreudigen Heiligen wohnten, welche allein aus Martyriums-Freudigkeit und aus Confessions-Eifer nach Karthago gezogen wären, um diese Stadt für ihren heiligen Eifer zu gewinnen. Die Triebkräfte dieser Leute müssten auch anderer Art gewesen sein: und die nächst liegende Erklärung ist diese, dass neben dem kirchlichen Momente nationale Unterströmungen vorhanden waren, die sie von Numidien nach Karthago trugen, um dem ärmeren Theil der dortigen Gemeinde, der die aus dem Hinterlande in die reiche Küsten- und Hauptstadt eingewanderten Numidier umschloss, zu Hülfe zu kommen, und um diesen einen Bischof nach ihrem Herzen und womöglich ihrer Abstammung zu verschaffen.

Ausser dem Karthagischen Concil der 70 Numidischen Bischöfe zeigt noch ein anderer Vorgang aus der ersten Zeit des Donatismus die Numidier in besonderer Weise thätig: Die Einsetzung eines Interventors, eines Bisthums-Verwesers in Karthago.

Ueber diesen Interventor ist in der die Geschichte des Donatismus behandelnden Literatur von jeher viel verhandelt worden. Der strittige Punkt ist dieser: ob dieser Interventor vor des Bischofs Mensurius Tod, oder erst nach demselben eingesetzt worden ist? mit andern Worten: ist der Zwiespalt in der Karthagischen Gemeinde schon zu des Mensurius Zeiten vorhanden gewesen, oder nicht? Je nachdem diese Frage eine Antwort findet, wird man entweder die nach des Mensurius Tod gethätigte Wahl Cäcilians als die Ursache des Schismas ansehen, oder man wird vor derselben andere Ursachen als vorhanden annehmen müssen. Diejenigen Stellen, aus welchen die erstere Ansicht hervorgeht, sind bei Optatus[1]) und bei Augustin[2]) zu finden, derselbe Augustin[3]) spricht sich jedoch an anderen Stellen dahin aus, dass man ihn als Zeugen auch für die letztere Auffassung aufrufen kann.

Aber diejenigen Stellen, welche für die erstere Meinung sprechen, kann man — mit Ausnahme derjenigen des Optatus, welche entweder aus katholischem Interesse, oder aus wirklicher Unkenntniss die ungetrübte Einigkeit der Karthagischen Gemeinde bis zur Dazwischenkunft der 70 den Majorin einsetzenden

---

1) I, 15 und 16, pag. 16.

2) Contra lit. Petiliani lib. I, cap. 25. tom. 9, 362: „Mensurius in communionis unitate defunctus est, ante quam se scinderet pars Donati". — De unico baptismo contra Petil. cap. 16, n. 29, tom. 9, 611: „Mensurii tempore usque ad obitus diem plebs unitatis nulla conscissa est". — De haeresibus cap. 69 tom. 8, 43 (Ausgabe vom Jahre 1861): „Donatistae propter ordinatum contra suam voluntatem Caecilianum ..... schisma fecerunt" aus welchen Worten zu schliessen ist, dass vor der Wahl noch kein Schisma bestanden habe.

3) Contra Cresconium donatistam l. II, c. 1, tom. 9, 468: „Donatus a Casis-Nigris, qui altare contra altare primus erexit". Wenn dieser Donatus Altar gegen Altar errichtet hat, so muss also vor Majorins schismatischem Altar schon einer errichtet gewesen sein. — Ep. 44, 8, tom. 2, 177: „Donatistarum majores dedisse interventorem populo suae communionis apud Carthaginem constituto, ante quam Majorinus adversus Caecilianum ordinaretur". Man beachte den Ausdruck populus suae communionis apud Carthaginem constitutus. Durch diese Stelle wird direct ausgesprochen, dass vor Majorin der Interventor aufgestellt worden sei. — Sermo 46, 15, 39, tom. 5, 293, die bereits besprochene Stelle, nach welcher das Schisma aus Numidien stamme, von wo auch ein „Visitator" geschickt sei. Dieser „Visitator" wird übereinstimmend mit dem Interventor identificirt. Der auctor des Schismas sei ein Numidier; gemeint ist der Bischof Donatus von Casä-Nigrä in Numidien. Der Zusammenhang lässt die Einsetzung des Interventors auf dem Concil der 70, also vor dem Bisthum des Majorin geschehen.

4*

Bischöfe glaubhaft machen wollen — dahin auffassen, dass ein organisirtes Schisma bis zu der zwiespältigen Bischofswahl Cäcilian-Majorin nicht zu verzeichnen gewesen sei. Dagegen sprechen die Stellen der zweiten Auffassung klar aus, dass der Interventor vor Majorins Stuhl-Besteigung vorhanden gewesen sei. Aber dann wäre es das nächstliegende, dass dieser Interventor zwar vor Majorins und auch vor Cäcilians Erwählung, aber erst nach dem Tode des Mensurius eingesetzt worden sei. Diese Lösung hat neuerdings Voelter[1]) wiederum verfochten. Der Wiederspruch der oben erwähnten Stellen scheint durch dieselbe thatsächlich gehoben zu sein. Nur eine Stelle wiederstrebt dennoch: In Augustins breviculus collatonis cum Donatistis d. III. cap. 12[2]) wird berichtet, das nach den Akten der ersten zu Rom geführten Untersuchung „Donatus a Casis-Nigris in praesenti convictus est, adhuc diacono Cäciliano schisma fecisse Carthagine." Voelter will dieses adhuc diacono Caeciliano nicht auf die Zeit vor des Mensurius Tod bezogen wissen, denn dann müsse es heissen: „adhuc episcopo Mensurio", sondern auf die Zeit der Sedisvakanz, als Mensurius gestorben, er selbst, Cäcilian, aber noch Diakon war.

Dieser Erklärung kann ich nicht beitreten. In jenem Satze konnte nicht auf einmal jene Zeitbestimmung adhuc Mensurio episcopo auftreten; das logische Subjekt des Satzes ist Cäcilian, von ihm musste also die Zeitbestimmung genommen werden.

Dass der Interventor vor der Wahl Cäcilians, und nach dem Tode des Mensurius bestellt worden sei, und zwar von den zu diesem Zweck nach Karthago geeilten Numidiern, widerspricht der Nachricht des Optatus, dass die Wahl Cäcilians vor der Ankunft der Numidier und in grösster Eile vollzogen worden sei. Diese Nachricht wird — wie immer wieder hervorzuheben ist — durch die andere, dem Interesse des Optatus zuwiderlaufende, Mittheilung gestützt, die, wenn auch widerwillig und nicht ohne den Versuch einer Wiederlegung, doch

---

1) a. a. O. S. 121 f.
2) Tom. 9, 637.
3) I, 19, pag. 18.

auch Augustin[1]) bringen muss, dass Cäcilian selbst sich zu
einer Wiederholung, nicht der Wahl, aber der Ordination bereit erklärte. Wenn nun Voelter an einer anderen Stelle (S.
125) von der Wahl Cäcilians sagt: „in aller Eile scheint die
Bischofswahl veranstaltet worden zu sein", so ist nicht einzu-
sehen, woher er noch Raum gewinnt für einen von dem 70-
Concil eingesetzten Interventor zwischen des Mensurius Tod
und Cäcilians Wahl.

Ein gegen Donatus von Casä-Nigrä erhobener Vorwurf
lautete, „dass er Altar gegen Altar errichtet habe".[2]) Wenn
kein Bischof vorhanden war, d. h. Mensurius tot, Cäcilian aber
noch nicht zum Bischof erwählt war, konnte dieser Fall nicht
eintreten; ihn nach der Wahl Cäcilians zu datiren, geht aus
den oben angeführten Gründen nicht. Nach der Wahl Cäcilians durfte sich das 70-Concil nicht mit der Einsetzung eines
Interventors aufhalten, sondern musste sofort zur Wahl Majorins als Gegen-Bischof schreiten. Andererseits lauten die
Aeusserungen Augustins, welche ich oben als Belegstellen für
die Auffassung angeführt hatte, dass direkt gegen des Mensurius Episkopat noch kein orgarnisirtes Schisma vorhanden gewesen wäre, zu bestimmt, als dass man des Donatus von Casä-
Nigrä Verwesertum als einen vor den Augen des Mensurius
geschehenen ersten Akt des Abfalls datiren könnte.

Da nun die Auskunft Voelters, den Interventor nach dem
Tode des Mensurius, aber vor der Wahl Cäcilians fungiren zu
lassen, zu wenig Wahrscheinlichkeit und vor allem keinen
Raum hat, so stecke ich den von Voelters als möglich eröff-
neten Zeitraum weiter ab: Der Interventor ist von den Numidiern eingesetzt worden, als Mensurius, der kaiserlichen Vor-
ladung folgend, nach Rom gereist war,[3]) Caeciliano adhuc
diacono, und als man eine Neuwahl noch nicht zu vollziehen
hatte. Man mochte erwarten, dass Mensurius nicht zurück-
kehre, weil man ihn in Rom demnächst verurtheilt glaubte.
Hatte er doch einem Empörer ein Asyl geboten.

Hier war der geeignete Zeitpunkt für eine bereits vorhandene aber noch nicht organisirte Partei, mit einer kräftigen

---

1) Brevic. collat. 16, 29, tom. 9, 641.
2) Contra Cresconium donatistam. L. II, a. 1. Tom. 9, 468.
3) Optat. I, 17, pag. 17.

That hervorzutreten und eine vorhandene Thatsache zu schaffen, von der aus man weiter gehen konnte. Ein Bischof war nicht vor Augen; er kam höchst wahrscheinlich überhaupt nicht wieder. Sein verhasster Helfershelfer Cäcilian war noch Diakon; er durfte auf keinen Fall Bischof werden. Daher sandten die Numidier eigenmächtig und gewaltthätig den Bischof Donatus von Casä-Nigrä in Numidien nach Karthago, damit er der Verweser des Bistums eines Abwesenden sei.

Mensurius konnte wider Erwarten vom kaiserlichen Palaste frei ausgehen. Aber er kam doch nicht wieder nach Karthago zurück: er ist unterwegs gestorben.[1])

Als die Nachricht kam, Mensurius sei gerechtfertigt von dem Kaiser gegangen, mochte der Interventor und seine Partei zunächst bestürzt sein; dieser unerwartete Ausgang liess sie unschlüssig werden und unthätig bleiben. Als dann die andere, die Todesnachricht ankam, und sicherlich zunächst dem verordneten Archidiakonus Cäcilian zukam, da kam dieser den Gegnern zuvor und schaffte durch eiligste Wahl nun seinerseits ein fait accompli.

Daraufhin kamen Sekundus von Tigisis und die 70 andern Numidier nach Karthago und erwählten den Majorin als Gegenbischof.

Wenn wir dem Interventor diesen Ort anweisen, erscheint keine der oben erwähnten Stellen, welche sich mit dieser Figur befassen, gröblich verletzt.

Aus dieser Stellung des Interventors geht alsdann zweierlei unabweislich hervor: dass schon vor des Mensurius Tod eine starke und bis zum Aeussersten entschlossene Oppositions-Partei vorhanden war, und dass diese Partei einen leitenden Interventor und damit auch ihre Intentionen aus Numidien erhielt.

Wenn wir uns ferner erinnern, dass das Verfahren des Cäcilian „adhuc diaconi“ und „adhuc Mensurio episcopo“ nicht nur gegen die Lucilla, sondern vor allem gegen die frei-

---

1) Optat. I, 17, pag. 17: „jussus est reverti; ad Carthaginem pervenire non potuit“.

willigen Märtyrer und deren Verehrer und Freunde in Karthago grosse Erbitterung erregt hatte,[1] und dass er dieses Verfahren nicht anders, als unter Billigung des Mensurius hatte befolgen können, so kann die von Augustin und Optatus so hoch gerühmte Einigkeit der karthagischen Gemeinde unter Mensurius' Episkopat doch nicht ganz ungetrübt gewesen sein. Wie überall in der kaum geschenkten Ruhezeit nach der Diokletianischen Verfolgung die Christen-Gemeinden über der Frage der Behandlung der Lapsi in Zwiespalt gerieten, so war auch in Karthago schon unter des Mensurius Episkopat eine Partei vorhanden gewesen, welche die Confessoren mit übergrossen Ehrenbezeugungen umgab und das Gedächtniss der Märtyrer demonstrativ pflegte. Hierher gehört die Lucilla mit ihrer kirchlich noch nicht anerkannten Märtyrer-Reliquie.

Diese in Opposition gegen Cäcilian und auch gegen Mensurius befindliche Partei war längst „latent" vorhanden; es fragt sich nur, ob sie allein von einer „kirchlichen Missstimmung" beseelt war, oder ob Anzeichen vorhanden sind, nach welchen auch nationale Velleitäten mit der kirchlichen Missstimmung „in ideale Konkurrenz" getreten waren, — wenn ich das Verhältniss dieser beiden Stimmungen zu einander mit einem aus dem Strafrecht entnommenen, hier zutreffendsten Ausdruck wiedergeben darf.

Es wäre Thorheit, leugnen zu wollen, dass eine kirchliche Missstimmung vorhanden, und dass sie die erste und stärkste Triebkraft der missvergnügten Partei gewesen ist. Nicht eine bewusste Verschiedenheit religiöser Principien trennte die beiden Parteien der karthagischen Gemeinde vor dem Tode des Mensurius, sondern nur eine Verschiedenheit der kirchlichen Praxis. Erst durch das Concil von Arles, dessen der bisherigen afrikanischen Praxis und Anschauung widersprechenden Beschlüssen über die Gültigkeit der Ketzertaufe die Katholiker sich unterwarfen, die Donatisten aber nicht, war der Kampf um religiöse Principien zuerst principiell erfasst und substantiirt worden. Dieser Materie gesellten sich bald die andern hinzu, durch welche der donatistische Streit

---

1) Bei Du Pin. Monum. pag. 150. Acta martyrum Saturnini l. q. s. Namentlich No. XVII pag. 156.

einen Kampf um die wichtigsten religiösen und kirchlichen
Principien einleiten sollte. — Doch ich kehre zu der Frage zurück, ob die schon unter
Mensurius vorhandene Oppositions-Partei irgend welche natio-
nalen Kennzeichen an sich trägt?

Wiederum kann ich auf diese entscheidende Frage die
Antwort nur von der Gegenfrage herleiten: warum bedurfte
der in Karthago vorhandene schismatische Zündstoff eines numidischen Funkens, um zu explo-
diren? Hatte ich vorhin die numidischen Bischöfe als die
Träger der gegen Cäcilians Wahl afrikanisches Herkommen
hochhaltenden Bewegung schildern müssen, so sehen wir jetzt
den das Schisma weckenden numidischen Eifer sich noch weiter
vordatiren.

Donatus von Casä-Nigrä erscheint als derjenige, der vor
Sekundus von Tigisis und leidenschaftlicher als dieser, der in
seinem Briefwechsel mit Mensurius als ein vorsichtiger Mann
zu erkennen ist,[1]) die Sache der Oppositions-Partei geführt
hat. Wir lesen nicht, dass ihn der Ruhm besonderer Heiligkeit umgeben habe, sondern nur, dass er „aus Numidien" gekommen und der Urheber dieser Ketzerei gewesen sei.[2])

Nachher, als die weitere Entwickelung des Schismas immer
festere Formen angenommen hat, ist und bleibt Numidien das
Kernland der Donatisten. Wir werden nachher sehen, dass
der heftigste Widerstand gegen die mit staatlicher Gewalt
unterstützten Bekehrungskünste der Katholiken und die blutig-
sten Scenen in Bagai in Numidien stattfinden. Wir haben
schon vorher gehört (§ 2), dass die passio des donatistischen
Priesters Markulus darüber klagt, dass die Verfolgung in Numidien „mit der grössten Grausamkeit gewüthet habe," — eben
weil dort der nachhaltigste Widerstand geleistet wurde.

Augustin erzählt, dass seine Vaterstadt Thagaste in Numidien früher ganz donatistisch gewesen sei, und dass er erst
durch den glücklichen Umstand, dass diese Stadt, die durch

1) Bei Du Pin. Monum. pag. 174.

2) Aug. de haeresibus. Cap. 69, tom. 8, 43: „Huius haeresis prin-
cipem accipimus fuisse Donatum, qui de Numidia veniens ... l. q. s".

verbum oder ratio von der katholischen Wahrheit nicht zu
überzeugen gewesen, sondern zur unitas Christi hatte gezwungen
werden müssen, von der Nützlichkeit der in christlichen Dingen
dennoch anzuwendenden weltlichen Gewalt überzeugt worden
sei.[1]) Aber trotz dieser staatlichen Unterdrückung, muss derselbe Augustin zugeben, sei noch immer das konsularische,
d. h. das binnenländische Numidien überwiegend in den Händen
der Donatisten.[2])

Auf dem Religions-Gespräche selbst kann denn auch der
donatistische Bischof von Constantine, Petilianus, unwidersprochen
sagen, dass sie in Numidien noch immer bei weitem die Majo-
rität seien.[3])

Nicht nur um sich herum musste Augustin die verhasste
Secte sehen, sondern sogar in seiner Familie waren Donatisten.
Der 52. Brief ist an einen donatistischen Verwandten Severinns
gerichtet, um denselben herüberzuziehen. Nach einigen dogmatischen Erörterungen bricht der Briefschreiber endlich in
die Klage aus: „nescio quae carnalis consuetudo ibi vos tenet.“[4])
Der bezeichnende Ausdruck: carnalis consuetudo ibi vos tenet
belehrt uns, dass in Numidien der Donatismus die die irdischen
Verhältnisse durchdringende religiöse Macht, d. h. die herrschende Kirche gewesen ist.

Wiederum ist zu fragen: woher kam es, dass gerade
Numidien die Domäne des Donatismus war und blieb?
und zwar das binnenländische, das konsularische, noch mehr
als das küstenländische, das prokonsularische? Numidien war
der Wohnsitz der autochthonen afrikanischen Bevölkerung.
Die überwiegende Identität dieser und der Donatisten kann
nicht blos eine zufällige sein, sondern das Christentum, dem
sich dieses Volk eben mit frischester Begeisterung zugewandt
hatte, musste um so kräftigere Wurzeln in dem Volksleben

---

1) ep. 93, 17, tom. 2, 329: „sententia mea non erat, nisi neminem ad
unitatem Christi esse cogendum; verbo esse agendum, ratione vincendum.
Sed hace opinio superabatur. Nam civitas mea, quaecum tota esset in parte
Donati, ad unitatem catholicam timore legum imperialium conversa est“.
2) ep. 129, 6, tom. 2. 493: „Donatistae excepta Numidia consulari in
caeteris provinciis Africanis nostrorum numero facillime superantur“.
3) Bei Du Pin. Monument. pag. 277.
4) ep. 52, 4, tom. 2, 195.

schlagen, wenn es eben diesem Volke in einer besonderen
Form geboten wurde, die von der allgemeinen (katholischen)
Form des Alles invellirenden Römerthums verschieden war.
Ich gestehe immer wieder, dass diese Erwägung nur eine Möglichkeit, höchstens eine Wahrscheinlichkeit bietet. Aber so
lange kein anderer Grund vorhanden ist, ist dieser zur Erklärung der überwiegenden Identität der Numidier und Donatisten anzuziehen. Es ist dieser Numidische Lokal-Patriotis-
mus in christlichem Gewande, den Augustin verspottet, wenn
er in der eunaratio in psalmum 21, 26[1]) fragt, ob etwa die
Städte Bagai und Tamugade in Numidien, die Hochburgen
des Donatismus, eine Darstellung der „grossen Gemeinde“, in
der das Lob Gottes wohne, sein sollten? Ob die Donatisten
dann verstummten oder nicht, so möchten sie weiter sagen,
dass „allein durch Numidien die Kirche gross sei.“

Ich versuche an dieser Stelle, von einigen der hervor-
ragendsten Donatisten die Personalien festzustellen, ob aus
denselben ihre Zugehörigkeit zu dem Nord-Afrikanischen Urvolke hervorgeht.

Dass Donatus, der Bischof von Casä-Nigrä, ein Numidier
war, hatten wir gesehen[2]). Die häufige Benennung dieses
Donatus als Numidier macht es gewiss[3]), dass er seiner Abstammung nach ein Numidier gewesen ist, nicht ein in der
Provinz Numidien geborener Römer. Augustin war auch in
Numidien, in Thagaste, geboren und war Bischof einer Stadt
der Provinz Numidia prokonsularis, aber wir lesen ihn nirgends
unter der Bezeichnung Numida oder de Numidia. Dass ferner
dieser Donatus von Casa-Nigrä wie der erste donatistische
Schismatiker, so auch auf der ersten vom Kaiser angeordneten

1) Tom. 4, 177. Ausgabe von 1861. Der Schluss der Stelle: „Si
non dicit aliquid unde obmutoscant, adhuc dicant quia magna est ecclesia
sola Numidia“, zu der unten Varianten geboten werden, die aber auch
keine Klarheit bieten, dürfte zu lesen sein: „si non aliquid e. q. s“.

2) August. sermo 46, 39, tom. 5, 293: „Auctor totius hujus mali Numida haereticus fuit“.

3) August. Contra Cresconium donatistam l. III, c. 2, tom. 9, tom. 9,
469: „qui primus extra ecclesiam sacrificavit“ — übrigens eine Stelle,
welche die Meinung, dass Donatus als Interventor schon unter des Mensurius Episkopat fungirt habe, bestätigt.

Untersuchung zu Rom der energischste Vertreter der Anti-Cäcilianer gewesen ist,[1] hatte ich ebenfalls schon erwähnt. Weiteres wissen wir über sein Schicksal nicht; das Bild seines Charakters können wir aus den häufigen und heftigen Ausfällen des Optatus und des Augustin gegen seinen Stolz und seine Heftigkeit nicht herausstellen.

Der mächtigste Gegner dieses Donatus, der zu seinem Unglück zu seinem Richter bestellt war, der Bischof Melchiades von Rom, führt in dem Liberianischen Papst-Cataloge[2] das Nationale: „natione Afer". Ob daraus und aus der Thatsache, dass Renegaten stets den wildesten Hass ihrer einstigen Genossen erfahren müssen, zu erklären ist, dass die Donatisten, welche ja Afri sein wollten, nach dem Ausgang der Römischen Untersuchung, bei der Melchiades den Vorsitz geführt hatte, auch auf den Letzteren den Vorwurf der einst begangenen Tradition häuften?[3] Ein Vorwurf, der sonst nirgends gegen diesen Römischen Bischof erhoben worden ist.

Ueber Majorin, den ersten donatistischen Bischof Karthgos, wissen wir wenig; er war ein Mitglied des Karthagischen Klerus, ein Hausfreund der Lucilla; dass er zu dem autochthonen Volke Nord-Afrikas seiner Abstammung nach gehörte, ist nirgends angedeutet. Ueber die Herkunft der Lucilla ist uns nur bekannt, dass sie eine Spanierin war. Man nimmt an, dass sie diejenige Frau sei, in deren Haus man später einen donatistischen „Hauscaplan" nach Spanien gesandt habe.[4]

---

1) Vergl. den Nachweis, dass noch Donatus von Casä-Nigrä, aber noch nicht Donatus von Karthago, der Grosse, der in Rom auftretende, verurtheilte und meist gehasste Donatus ist, bei Voelter a. a. O. S. 135 unten.

2) Lipsius, Chronologie der römischen Bischöfe. Kiel 1869. S. 278.

3) August. Brevic. Collat cum Donat d. III, c. XVIII n. 3. 4. tom. 9, 645.

4) August. Contra lit. Petiliani l. II, c. VIII, n. 247, tom. 9, 346: „Afri episcopum in Hispaniam domni unius mulieris ex Africa mittentes". Die Abfassung der Schrift gegen die Briefe Petilians wird in das Jahr 400 gesetzt; Lucilla selbst muss, um vor dem Jahre 313 schon ein Haus gemacht zu haben, damals doch schon ungefähr 25 Jahre alt gewesen sein. Dann wäre sie damals — Augustin spricht von der Gegenwart — über 110 Jahre alt gewesen. Es wird also nur ihr Haushalt und ihre Nachkommenschaft gewesen sein, welche die donatistischen Traditionen auch in Spanien pflegte. Dies wird denn auch an einer anderen Stelle

Demnach wäre ihr der Karthagische Boden doch allmälig zu heiss geworden, und sie wäre von dort nach Spanien zurückgegangen. Ihre Liegenschaften in Spanien schliessen es nicht direct aus, dass sie ihrer Abstammung nach eine Nord-Afrikanerin gewesen wäre; aber ich finde kein positives Zeugniss dafür. Die von ihr zur Schau getragene Reliquien-Abgötterei ist kein speciell Numidischer Zug, aber es ist möglich, dass sie nach Adepten-Art mit dieser Aeusserlichkeit dem armen christlichen Volke, welches überall die Reliquien-Verehrung am meisten sich angelegen sein liess, schmeicheln wollte, dem armen Volke, unter dem sie, durch ihren Reichthum unterstützt, als ehrgeizige Frau eine Rolle spielen wollte.

Das deutlichste Zeichen dafür, dass man Seitens der Katholiker mit einer auf diesem Gebiete später oft erprobten römischen Gründlichkeit bemüht gewesen ist, das Andenken und die Spuren der Donatisten zu vertilgen, ist der Umstand, dass wir über die Herkunft selbst des grössten Donatisten, nach dem die Partei genannt wurde, den seine Anhänger mit dem Beinamen „Magnus" schmückten, nichts wissen.

Dass seine Persönlichkeit eine bedeutende gewesen sein muss, darüber kann kein Zweifel obwalten. Wenn Optatus [1]) sich über seinen Hochmuth entrüstet mit dem er Fremde frage: „wie steht es bei Euch mit meiner Partei?" so ist das als eine polemische Ausbeutung irgend eines Klatsches zu betrachten, wenn man die Aeusserung nicht als eine harmlose und in Harmlosigkeit berechtigte Frage eines bedeutenden Partei-Führers hinstellen will. Von „seiner" Partei kann dann allerdings nur ein Mann reden, der sich von einer breiten volksthämlichen Begeisterung getragen weiss; dieser Mann muss hervorgegangen sein aus demselben Volke, dessen Instinkte er mitfühlt, dessen allgemeine Gefühle er in seiner Brust zusammengedrängt weiss. An derselben Stelle (pag. 58 u. 59) erhebt Optatus darüber Klage, dass Donatus propter scientiam mundanarum literarum in amore seculi gewesen sei; auch

---

bestätigt: August contra Donatistas epistola cap. III n. 6, tom. 9, 394: „sancta ecclesia sola in . . . . et in domo vel patrimonio unius Hispanae mulieris".

1) III, 3, pag. 58.

Augustin [1]) gesteht zu, dass Donatus ein lapis pretiosus ecclesiae gewesen sei, „durch sein Wissen, seine Beredsamkeit und sein Schrift-Verständniss", — selbstverständlich nur so lange, als er „den Zusammenhang mit der Kirche" noch nicht verloren hatte. Wenn ich im nächsten Paragraphen die Schriften des Donatus [2]) besprechen werde, werden wir einsehen, dass diese mundanae literae, deren Kenntniss Optatus zum Vorwurf macht, kaum berberische, auch wohl keine punischen Schriften waren, dass also die umfassende Bildung, deren Donatus der Grosse sich rühmen konnte, keine besondere, nationale, sondern die im Abendlande überwiegende römische Bildung war. Auf dem literarischen Gebiete ist nach Lage der Sache wenig zu finden, um die einzelnen Personen als national gestempelt zu erkennen.

Es ist bekannt, dass Donatus endlich verbannt wurde und im Exil gestorben ist. Man konnte diesen Gegner dann kraftlos werden lassen, wenn man ihn von seinem heimischen Boden und aus dem Volke, dem er angehörte, fortnahm.

Dagegen ersteht bei einer weiteren Stichprobe der Hypothese, dass die Führer der Donatisten dem Boden Nord-Afrikas entstammt seien, ein schlagender Gegenbeweis in der Persönlichkeit Parmenians. Einer der schärfsten Parteigänger, denn er verweist, wie wir aus Augustins drei Büchern contra epistolam Parmeniani erfahren, dem Tichonius seine christliche Weite und Versönlichkeit, und zugleich, nach dem Aufgebot der ihm zu Theil gewordenen literarischen Abwehr zu schliessen, einer der erfolgreichsten donatistischen Wortführer, muss er sich von seinem eifrigsten Gegner Optatus [3]) immer wieder daran erinnern lassen, dass er kein Afrikaner sei.

1) Sermo 37, cap 3, n. 3, tom. 5, 223.

2) August. de haeres, cap. 69, tom. 8, 43.

3) I, 5, pag. 6 „quia peregrinus es", II, 7, pag. 37. In Anlehnung an Matthäus 23, 15 fragt Optatus seinen Gegner: „numquid nos aliquem adduximus Hispanum et Gallum? aut nos ordinavimus ignorantibus peregrinum?" III, 3, pag. 55 wiederum „qui peragrinus es". Die Meinung des Albaspinäus (bei Du Pin pag. 6, Anm. 49), dass peregrinus nur einen nicht in derselben civitas gebürtigen bedeute, der desshalb auch nicht zum Bischof dieser Stadt gewählt werden könnte, ist nicht zu belegen. Vielmehr ist mit Du Pin, Praefatio II peregrinus dahin zu verstehen, dass Parmenian überhaupt kein Afrikaner gewesen sei.

Wenn man auch sich das Gros der donatistischen Bischöfe in dem Nord-Afrikanischen Volksthum wurzelnd vorzustellen hat, eine Volksthümlichkeit, deren böse Ausläufer z. B. in jenem Donatus von Bagai in Numidien und seinem handgreiflichen Partei - Eifer zu erblicken sind, so ist die Persönlichkeit Parmenians eine beständige Erinnerung daran, dass in dem Donatismus die religiösen Elemente doch die erste Stelle einnehmen, und dass die wahrscheinliche Identität des Kerns der Donatisten mit den Angehörigen des Numidischen Volkes nur ein zweites Moment bilden kann.

Diese Identität war im Volke selbst sicherlich keine bewusste; sie durfte auch von den kirchlichen Leitern und theologischen Wortführern der Donatisten nicht eingestanden werden, ohne dass sie ihre Kirche der Gefahr schnellster und noch gewaltsamerer Unterdrückung ausgesetzt hätten.

Diese beständige Gefahr und der oben erwähnte Umstand, dass das nationale Element in jener Zeit und in jenen Kreisen kaum zu einem klaren Selbstbewusstsein gekommen sein konnte, mögen als Grund dafür angesehen werden, dass wir auf den Concilien, die sich mit dem Schisma beschäftigen, kein öffentliches Wort über diesen Punkt vernehmen.

Ich schalte hier ein, dass eine nach den Theilnehmer-Listen dieser Versammlungen anzustellende Nachforschung über die Nationalität des Clerus der beiden Parteien aus verschiedenen Gründen kein verlässliches Resultat ergeben kann. Der Bischof einer donatistischen Gemeinde in Numidien braucht selbst kein Numidier zu sein; die Bischöfe selbst einer katholischen Gemeinde in der Prokonsularis können Afri, vielleicht Numidier gewesen sein. Wir erfahren aus den Bischofs-Listen der Concilien nur, wo dieselben zur Zeit amtirten, nicht welcher Abstammung dieselben waren.

Man könnte vielleicht aus der Scene[1]) des ersten Verhandlungs-Tages des Karthagischen Religions-Gespräches im Jahre 411, als die aufgerufenen Bischöfe bezeugen, ob in ihrem Orte nur ihre Confession wohne (adversarium non habeo), oder ob eine konfessionell gemischte Bevölkerung dort zu finden sei

---

1) Bei Du Pin. Monum. pag. 277, 19.

(habeo contrarium), feststellen, wo d. h. in welchen Städten und in welcher Gegend die kompaktere Masse dieser oder der anderen Confession wohne. Aber abgesehen davon, dass sich die erstere Angabe nur bei einem geringen Bruchtheil der Vertreter findet, so wissen wir nicht, wo die genannten Städte lagen.

Das in den allgemeinsten Umrissen sich darstellende Resultat würde keines Falls die aus den literarischen Zeugnissen erhobene Erkenntniss widerlegen oder über dieselbe hinausgehen können, dass die Entstehung des Karthagischen Schismas im Jahre 313 von Numidien aus und durch Numidier geleitet wurde, dass Numidien das Kernland der Partei geblieben ist, und dass namhafte Führer der Partei, vor allen höchst wahrscheinlich Donatus der Grosse, dem Nord-Afrikanischen Volke entstammt sind.

§ 5. Die Sprache.

Gehörte der Kern der Donatisten einem nicht-lateinischen, d. h. dem berberischen oder punischen Sprachgebiete an? Gab es eine punische Bibel-Uebersetzung? oder eine punische donatistische Litteratur?

In drei Schichten — so hatten wir gesehen — war die Bevölkerung Nord-Afrikas aufgetragen worden: Die Berbern, die punischen Colonisatoren, die römischen Eroberer. Die Ersteren waren meist in dem Hinterlande geblieben; die beiden letzteren hatten sich in den Küsten- und Hauptstädten mehr durchdrungen und vermischt.

Wie haben sich bei diesem Zusammenwohnen der Völker die verschiedenen Sprachen mit einander vertragen?

An die Beantwortung dieser Frage muss sich sodann die weitere anknüpfen: Gehörten die Donatisten oder ein Kern derselben einem nicht lateinischen, d. h. dem berberischen oder punischen Sprachgebiete an? Würde diese letztere Frage zu bejahen sein, so wäre dieser Umstand ein weiteres Kennzeichen eines nationalen Elementes im Donatismus.

Die Berbern-Sprache erhielt sich auf dem Lande, das an der Grenze des römischen Machtbereiches lag, wo die Bewohner eine stärkere Fühlung mit den jenseits dieser Grenze wohnenden, noch unbezwungenen Stämmen unterhielten. Aber die Berbern-Sprache streckte ihre Ausläufer tief in das römische und punische Sprachgebiet hinein. „Selbst die fruchtbare früh in Cultur genommene Insel der Tripolis Girba (Djerba), der Sitz der Karthagischen Purpur - Fabrikation," sprach und „spricht heute noch libysch."[1]) Diese Sprache ist auch Schriftsprache gewesen. Das aus dem phönicischen abgeleitete Alphabeth, das auf der berühmten liby-phönicischen Inschrift von Thugga[2]) angewandt ist, wird von Tissot[3]) auf zwei korrespondirenden Seiten mit den Schriftzeichen der heutigen Berbern zur anschaulichen Vergleichung gebracht. Eine in Algerien gefundene Inschrift in berberischer und lateinischer Sprache und Schrift[4]) nennt einen verabschiedeten römischen Veteranen, der in seiner Vaterstadt flamen perpetuus geworden sei. Der Gebrauch der berberischen Sprache und Schrift geht also bis tief in die Kaiserzeit hinein.

Aber wir haben k e i n literarisches Denkmal dieser Sprache überkommen. Man kann nicht entscheiden, ob deshalb, weil sie alle verloren gegangen sind, oder weil sie nie existirt haben. Denn wenn sich auch das Volk der Berbern nur an einem Punkte seiner Geschichte, nämlich unter dem Regiment des Massinissa, einer politischen Entwickelung hatte nähern können[5]), so hat uns doch Augustin[6]) aus ältester Zeit dieses Volkes eine Kunde von seinen Philosophen übermittelt. Wer diese Atlantici Libyci philosophi gewesen sind, welche an der Spitze „der Aegyptischen, Indischen, Persischen, Chaldäischen, Scythischen, Gallischen und Spanischen" Philosophen genannt werden, welche auch neben Plato und Pythagoras die Welt zur Erkenntniss Gottes wohl vorbereitet hätten, ist nicht festzustellen. Aber wir haben von den Berbern der Kaiserzeit kein Zeugniss, das auf ein literarisches Dasein ihrer Sprache in jener Zeit schliessen lässt.

1) Mommsen a. a. O. S. 641.
2) Vergl. über Liby-phönicische Schriftzeichen: Gesenius, De inscriptione Punica-Libyca. Universitäts-Programm. Halle 1836.
3) Tissot. a. a. O., tom. 1, p. 518 et 519.
4) Corp. Inscript. Lat. tom. VIII, 5209.
5) Mommsen a. a. O. S. 622.
6) De civit. Dei, lib. VII, cap. 9, tom. 7, 233.

Trotzdem wäre es falsch, von diesem Satze aus die Stellung der Libyschen Ursprache in jener Zeit schätzen zu wollen und dieselbe etwa als kaum der Erwähnung werth hinzustellen. Von unserem Platt-Deutsch wird man in späteren Zeiten nur wenige literarische Zeugnisse vorfinden: aber es wäre falsch, von diesem Umstande aus die heutige Ausdehnung des Platt-Deutsch bestimmen zu wollen. Wenn auch die Sprachgrenzen nicht so sehr durcheinander laufen, als die Mund-Arten unter einander wohnen, so hatten wir doch vorhin an einigen Beispielen gesehen, dass die Ausläufer des berberischen Sprachgebietes sich tief unter den Gebieten der beiden anderen Sprachen hin erstreckten.

Aber wir wissen nichts davon, dass irgendwo die christlichen Gedanken die Berbern-Sprache erreicht hätten.

Wir werden nachher sehen, dass die punische Sprache aus eigener Initiative und mit richtigem Verständniss christliche Gedanken neu geprägt hat; aber wir hören von keiner Berührung der libyschen Sprache mit dem Christenthum.

Hierfür scheint mir folgende Erklärung die nächstliegende zu sein: Das Sprachgebiet des Berberischen, wo es überhaupt zusammen lag, war eben das uncivilisirteste Hinterland, war zum Theil die Wüste selbst; und die Angehörigen dieses Sprachgebietes blieben Heiden. Diejenigen Generationen, welche das berberische Hinterland in früheren Jahrzehnten an die Küsten- und Haupt-Städte abgegeben hatte, waren in sprachlicher Beziehung von der zunächst auf der untersten lagernden Volksschicht und von deren Sprache aufgenommen worden, von der punischen. Die Urbewohner, welche sich aus den rohesten, kulturlosesten Zuständen herausgebildet hatten, hatten die Culturwelt durch die Pforte des Punischen betreten.

Demnach umschloss das Punische theilweise die beiden einst einander befehdenden Völker, Karthager und Berbern. Die erste Vermischung beider Völker hatte die Misch-Race der Liby-Phönicier entstehen lassen. Dieselben hatten auch punisch gesprochen, d. h. die höhere Sprache hatte die tiefer stehende verdrängt.

Nun hatte grade das lateinische Nord-Afrika mit grösster Energie die in griechischer Sprache ihm zugekommene christliche Verkündigung in lateinische Worte gefasst. Mehr noch:

5

während noch die ersten in Rom selbst entstandenen christlichen Schriften nur in der griechischen Sprache den Wortschatz vorzufinden glaubten, der dem zu behandelnden Gegenstande gerecht werden könnte, hatte der Nord-Afrikanische Eifer sofort für das Christenthum nicht nur die weiten Thore der lateinischen Sprache aufgethan, sondern sogar die Nebenthür des Punischen geöffnet.

Dazu, das berberische Hinterpförtchen zu öffnen, konnte aber auch dieser Eifer kaum schon Gelegenheit gehabt haben;[1] auch mochte — denn diese Sprache war eine literaturlose — der Schlüssel zu dem Pförtchen fehlen. Es war verständiger, den geöffneten Zugang zu demjenigen Theile der Urbewohner Nord-Afrikas zu beschreiten, der der allgemeinen Bildung näher und nach Bildung verlangend war, als damals schon so weit reichende Mission treiben zu wollen. Daher nahm das Christenthum zuerst den Theil des Afrikanischen Urvolkes in Angriff, der die nächst der lateinischen höchste Sprache, die punische, sprach.

Wie stand es nun mit der punischen Sprache, welche zuerst die libysche Ursprache verdrängt hatte? Die Römer fanden sie als die Cultursprache Nord-Afrikas vor, und man duldete sie als private Sprache. „Das Phönicische war keine dritte Reichs-, aber eine ihrem Bereich anerkannte Cultursprache."[2]

Zahlreiche Inschriften geben von ihr Kunde; und die im Poenulus des Plautus enthaltenen punischen Verse sind oft besprochen worden.

Augustin[3] kennt nicht nur „Punische Bücher", sondern er schätzt sie auch, da in ihnen „vieles klug und weise der Erinnerung aufbewahrt worden sei". Hatte das Punische zu seiner Zeit sogar noch eine literarische Existenz, so werden wir den mündlichen Gebrauch dieser Sprache um so weiter

---

1) Augustin sagt, dass zu seinen Zeiten erst seit wenigen Jahren einige der unzähligen barbarischen Völker begonnen hätten, Christen zu sein. Bei den meisten derselben sei das Evangelium noch nicht gepredigt worden. Diese Völker sind nicht die später erwähnten interiores, qui sub nulla potestate Romana sunt, sondern es sind die pacati, super quos praetecti a Romano imperio constituti (epist. 199, cap. 12, n. 46, tom. 2, 922).

2) Mommsen a. a. O. S. 642.

3) ep. 17, 2, tom. 2, 84.

ausgedehnt schätzen, und ebenso werden wir diese Sprache nicht ausschliesslich den untersten Volksschichten zusprechen dürfen. Die lateinische Sprache war gewiss nicht blos die amtliche, sondern sie war auch deshalb die herrschende Sprache in den oberen Schichten, weil die allgemeine griechische Weltkultur in dieser Sprache Nord-Afrika ergriffen hatte. Zu erörtern, inwieweit das Griechische dort überhaupt noch Geltung hatte, entfällt dem Bereich der mir vorliegenden Frage. [1])

Die lateinische Sprache war in jeder Beziehung die herrschende, aber das Punische war darum noch nicht blos verachtetes Patois. Ich habe oben angeführt, dass die Schwester des Kaisers Septimius Severus aus Gross-Leptis nur schlecht lateinisch sprach und das Punische bevorzugte; und der Jurist Ulpian nimmt an, dass eine verborum obligatio auch in punischer Sprache gültig sei. [2]) Das punische Sprachgebiet wird zusammenhängend nur auf dem Lande und in den kleineren Städten zu finden gewesen sein, aber es war doch auch in achtbaren Kreisen der Haupt-Städte in Gebrauch, eine Stellung, die für das Berberische durch keine Andeutung wahrscheinlich zu machen ist. Als Augustin [3]) in einer Predigt in Hippo-Regius, einer der grösseren Städte, ein punisches Sprüchwort anwendet, übersetzt er dasselbe, „quia non omnes nostis Punice". Also waren doch Einige auch in der christlichen, katholischen Gemeinde von Hippo-Regius, die Punisch verstanden.

Aber die zusammenhängenden Hauptmassen des punischen Sprachgebietes sind doch auf dem Lande und in den kleinen Städten zu suchen. Augustin [4]) beklagt, dass der rechten Austheilung des Evangelii „in nostris regionibus" der Umstand hindernd im Wege stände, dass das Lateinische wenig verstanden würde; und um in Fussala Hipponensi territorio confine castellum einen geeigneten Bischof zu haben, erklärt

---

1) Vergl. darüber: Mommsen a. a. O. S. 643 „zu Caesars Zeiten war das Griechische verbreiteter in Nordafrika als das Lateinische. Aber derselbe Wille, der die hellenischen Anfänge in Gallien nicht aufkommen liess, wies Afrika dem lateinischen Occident zu".

2) Marquardt, Römische Staatsverwaltung. Leipzig 1873. S. 314.

3) Sermo 167, cap. 3, tom. 5, 910.

4) epist. 84, 2, tom. 2, 294.

5*

Augustin[1]) für nothwendig, dass derselbe „punica lingua esset instructus."

Aber nicht nur geographisch ist der Antheil des Christenthums an dem punischen Sprachgebiete zu bestimmen, sondern Augustin[2]) ist uns Gewährsmann dafür, dass die punische Sprache auch in die Tiefe der christlichen Gedanken eingehen wollte und sich eigene Formen für den ihr neu zukommenden christlichen Inhalt zu schaffen bestrebt war. Er lobt es ungemein, dass die Punier die Taufe nur mit dem Worte „das Heil", das Abendmahl nur mit dem Worte „das Leben" bezeichneten.[3]) Bei der geringen Kenntniss, die wir von dem Punischen überhaupt und von seiner Berührung mit dem Christenthum insbesondere haben, ist diese Stelle ein klarer Beweis dafür, dass die sprachbildende Kraft des Christenthums dort schon einige Blüthen getrieben hatte.

Der christliche Antheil an dem punischen Sprachgebiet ist also durchaus nicht gering anzuschlagen. Sehen wir nun irgendwo, dass die Grenzen des punischen und des lateinischen Sprachgebietes — das Berberische kommt aus den oben angeführten Gründen nicht in Betracht; die in Betracht kommenden Bernbern sprechen punisch — mit den Grenzen der Confessionen zusammenfallen? Mit anderen Worten: sprachen die Katholiker überwiegend lateinisch, während sich die Donatisten überwiegend des Punischen bedienten?

Nur wenige Zeugen kann ich über diese Fragen abhören:

In der vorhin angezogenen Stelle[4]), nach welcher Augustin nur einen des Punischen kundigen Cleriker als Bischof nach Fussala schicken will, klagt er zugleich, dass dieser Bischof dort der erste katholische Bischof sein würde, denn bis jetzt seien die plebes illic in magna multitudine hominum constitutae dem verderblichen Irrthum der Donatisten zugethan gewesen;

---

1) epist. 209, 2 u. 3, tom. 2, 953.
2) De peccatorum meritis et remissione. L. I, cap. 24, n. 34, tom. 10, 128. Ausgabe von 1861.
3) Münter will in seinem Buche: Primordia ecclesiae Afrikanae, Hafniae, 1829, S. 99, die Spuren dieser Ausdrucksweisen in einer punischen Inschrift wieder erkennen.
4) epist. 209, 2 u. 3, tom. 2, 953.

dort in Fussala seien die zur Sammlung einer katholischen Gemeinde gesandten Cleriker „beraubt, geschlagen, geblendet und getötet" worden. Dort also fiel donatistisches Land und punisches Sprachgebiet zusammen.

Im 66. Briefe [1]) beschwört Augustin den donatistischen Bischof Crispinus von Calama, der eine ländliche Besitzung gekauft und alsdann 80 bisher katholische Gutsarbeiter zur Wiedertaufe bewogen hatte, von seinem terroristischen Verfahren abzustehen. Augustin schlägt vor, dass seine Gegenrede aufgeschrieben und den Arbeitern punisch vorgelesen und erklärt würde; dann möchten sie nach eigener Wahl und, ohne eingeschüchtert zu werden, sich entscheiden. Für Augustin steht es natürlich von vornherein fest, dass nur ein starker äusserer Zwang Katholiker in Donatisten verwandeln konnte. Ich entnehme dieser Stelle, dass die einst durch kaiserliche Gesetze gewaltsam katholisirten Einwohner überall da leichter an den Donatismus zurückfielen, wo dieselben durch die Vorherrschaft oder gar Alleinherrschaft der punischen Sprache mit der kirchlichen Partei des afrikanischen Sonder-Bewusstseins näher verbunden waren.

Die Circumcellionen sprachen meistens nur punisch [2]); der ihnen sonst zugeschriebene Schlachtruf deo laudes oder die Benennung, mit der sie sich selbst agonistici nannten, mögen lateinische Schlagworte gewesen sein, deren Gebrauch sie sich angewöhnt hatten. Aber wir werden nachher sehen, dass die Circumcellionen nicht ohne Weiteres dem Donatismus zuzuweisen sind. Wohl in bedingter Weise, und insofern bedeuten die mit den Dontisten verbündeten Circumcellionen auch einen zugleich von konfessionellen Grenzen umschriebenen Theil des punischen Sprachgebietes.

Demnach möchte es scheinen, dass die entscheidende Frage, ob die Donatisten ihrem Kerne nach zugleich Eingesessene des punischen Sprachgebietes gewesen sind, im Allgemeinen zu bejahen wäre.

Ganz allgemein gehalten, entspricht diese Bejahung der Wirklichkeit. Es ist sehr wahrscheinlich, dass die Numidier

---

1) tom. 2, 235.
2) epist. 108, cap. 5, n. 14, tom. 2, 414.

den Kern der Donatisten-Partei bildeten; und es ist sehr wahrscheinlich, dass diese Numidischen Donatisten meistens punisch sprachen; und es ist endlich nach den zuletzt besprochenen Stellen auch wahrscheinlich, dass da, wo die Christen überwiegend punisch sprachen, sie auch donatistisch waren. Die Umkehrung dieses Satzes wäre jedoch nicht richtig, dass überall, wo man donatistisch war, nun auch punisch gesprochen worden wäre. Diese Umkehrung wäre so wenig richtig, wie die Umkehrung des ersten der vorher aufgestellten Sätze, dass überall, wo man donatistisch war, man auch Numidischer Abstammung gewesen wäre. Nur der Ausgangspunkt und die Kraft der Bewegung lag in Numidien, und die donatistischen Gedanken wurden auch in anderer, aber vielleicht am heftigsten in punischer, Sprache erwogen. Aber wenn diese Gedanken auf das hohe Meer einer allgemeinen öffentlichen Bedeutung hinaus fahren wollten, konnte es nur unter der Flagge des Welt-umfassenden imperium Romanum und mit den Worten der lateinischen Sprache geschehen.

Aber wenn das punische Sprachgebiet die besondere Domäne des Donatismus war, so musste sich diese konfessionelle und sprachliche Identität doch auch irgend wie kirchlich oder theologisch darstellen. Haben wir nun irgend welche Anhaltspunkte dafür, dass der Donatismus und die punische Sprache vereint eine kirchliche oder theologische Leistung hervorgebracht hätte?

Wie wir vorhin von Augustin bezeugt hörten, gab es christliche, wir hatten als wahrscheinlich angenommen, meist donatistische Gemeinden, in denen die Cleriker das punische beherrschen mussten, um amtiren zu können. Demnach müssen die Gottesdienste dieser Gemeinden in punischer Sprache gefeiert worden sein. Nun bestand aber der Gottesdienst[1]) zunächst aus der epistolischen Schrift-Verlesung, der Absingung eines Psalmes und einer evangelischen Schrift-Verlesung. Ueber einen oder über alle drei Schrift-Abschnitte wurde alsdann gepredigt. Indem ich von der Feier der Eucharistie und allen andern kultischen Momenten absehe, so ist zunächst festzustellen, dass die Predigt, sollte sie ihren Zweck nicht gänzlich

---

1) Vergl. z. B. August. sermo 176, 1. tom 5, 950.

verfehlen, in diesen punischen Gemeinden auch punisch gehalten werden musste.

Aber wie wurde es mit den Schrift-Verlesungen gehalten? Haben wir irgend eine Spur einer punischen Bibel-Uebersetzung?

Nein! wir haben auch keinen Anhaltspunkt dafür, dass etwa punische Evangeliarien oder Epistolarien existirt hätten. Wenn Augustin [1]) z. B. in seinen Briefen an Hieronymus über die Verderbtheit der vorhandenen Schrift-Uebersetzungen klagt, oder wenn er an einer anderen Stelle [2]) viele andere Uebersetzungen aufzählt, so wäre hier der Ort, um eine vorhandene punische Uebersetzung, oder Theile einer solchen, zu erwähnen. Andererseits wäre es unvernünftig gewesen, der Gemeinde die Schrift-Verlesung in ihr unverständlichem Latein zu bieten und nachher eine punische Predigt über einen unverstandenen Text zu halten.

Daher vermuthet Münter,[3]) dass in der Art, wie die Synagogen verfuhren, bevor die Targumim entstanden, der punische Prediger zuerst den Schrifttext lateinisch vorgelesen, dann denselben autoschediastisch in's Punische übersetzt und alsdann punisch über denselben gepredigt habe.[4]) Dieses Verfahren hätte bei ruhiger Entwickelung der Dinge im Laufe der Zeit unfehlbar zur Entstehung einer punischen Bibel-Uebersetzung führen müssen. Die ruhige Entwickelung der Dinge fehlte, und mit der Unterdrückung des Donatismus nach dem Jahre 411 war die Uhr für diejenigen Kreise abgelaufen, die das lebhafteste Interesse an einer punischen Bibel haben mussten. Die Vandalischen Wirren kamen bald danach über Nord-Afrika.

Aber es hätte auch trotz der grossen Unruhe im Jahrhundert des Donatismus zu einer punischen Bibel-Uebersetzung kommen können, wenn der Donatismus solche Männer punischer Zunge gehabt hätte, die einerseits von der Ueberzeugung durch-

---

1) epist. 71, cap. 4, tom. 2, 243.
2) De civit Dei. Lib. XVIII, cap. 43, tom. 7, 603.
3) a. a. O. S. 83.
4) Hiermit verträgt sich sehr wohl der Vorwurf des Optatus (IV, 5, pag. 71), dass die Donatisten Scheltpredigten mit der Schriftverlesung verbunden hätten. Die Schriftverlesung war lateinisch, wurde punisch übersetzt und daran schloss sich die donatistisch-punische Scheltpredigt.

drungen gewesen wären, dass der Bestand des Christenthums in einem Volke eben auf der in seiner Sprache zu ihm redenden heiligen Schrift beruht, und die andererseits die geistige Kraft besessen hätten, eine kraftvolle, das Christenthum mit dem Geiste ihres Volkes vermählende Bibelsprache hervorzubringen. Die Männer fehlten, die das hohe Ziel einer in der Volkssprache redenden Bibel erkannt und die Kraft zur Erreichung dieses Zieles besessen hätten.

Augustin sah klarer, als er immer wieder auf die Herstellung einer allgemein anerkannten, unveränderlichen lateinischen Uebersetzung drang; sie war nach seiner Anschauung von Katholicität ein festes Einigungsband für das lateinische Abendland.

Wir haben nicht einmal einen Anhaltspunkt dafür, ob es der Donatismus punischer Zunge zu einer theologischen Darstellung gebracht hat. Walch [1]) hat eine klare und umfassende Uebersicht derjenigen Donatisten aufgestellt, „welche durch ihre Arbeiten und Schriften sich Verdienste um ihre Partei erworben hätten." Unter den 17 Führern des Donatismus sind 10 schriftstellerisch aufgetreten. Wir besitzen diese Schriften — mit der einzigen Ausnahme einer des Tichonius [2]) — nicht mehr; wir können den Inhalt einzelner, meistens nach den Widerlegungen bei Augustin, annähernd rekonstruiren, andere finden sich auch nur angeführt; aber die Texte selbst sind verloren gegangen.

Aber alle diese Schriften waren lateinisch geschrieben. Wären sie punisch verfasst gewesen, so hätten Augustin, Optatus, Hieronymus oder Gennadius, die von ihnen berichten, dies bemerken müssen. Von diesen 10 donatistischen Schriftstellern sind zwei, Cresconius und Tichonius, grammatici, also durch ihren Beruf gewöhnt, lateinisch zu reden und zu schreiben, Parmenian war kein Afrikaner, Makrobius und Petilian waren früher Katholiker, der erstere sogar Cleriker, der letztere seinem Berufe nach Advokat gewesen, also auch diese drei

---

1) a. a. O., § 86, S. 240.
2) „Liber de septem regulis ad investigandam intelligentiam Scripturarum" bei Migne. Tom. 18. Aus dieser Schrift ist jedoch für die vorliegende Frage nichts zu entnehmen.

mussten sich des Lateinischen bedienen. Demnach bleiben nur
fünf übrig, welche punisch hätten schreiben können. Die
Schrift des Centurius, von deren Existenz wir etwas wissen,
war an Augustin gerichtet, sie musste also lateinisch geschrieben
sein, des Gaudentius Briefe an den kaiserlichen Tribun und
Notar Dulcitius und an Augustin waren in derselben Lage.
Aber auch Fulgentius, Vitellius und vor allem Donatus
der Grosse haben lateinisch geschrieben! Und die im dona-
tistischem Interesse verfassten oder überarbeiteten Akten, die
auf die Entstehung des Donatismus Bezug haben, sind auch
lateinisch auf uns gekommen.

Selbst, wenn die Möglichkeit offen gelassen wird, dass
Donatus auch punisch geschrieben habe, und wenn die eben
für das Latein der donatistischen Schriftsteller angeführten
Entschuldigungen Annahme finden sollten, die Thatsache,
dass wir von keiner punischen donatistischen Schrift wissen,
und dass wir von einer ausgedehnten donatistischen Literatur
Spuren, sogar einen Ueberrest vorfinden, die aber nur lateinisch
war, stellt fest, dass der Donatismus das Kennzeichen
und Bindemittel für ein nationales Bewusstsein, wie
es in der Sprache geboten ist, nicht in seinem Werthe
erkannt und nicht ergriffen hat. Donatistische Gedanken
und punisches Sprachgebiet — das grössere Gebiet des Donatismus, in dem die lateinische Sprache die herrschende war,
kommt hier nicht in Betracht — fielen thatsächlich der
Hauptmasse des Letzteren auch zusammen; aber diese Thatsache ist den donatistischen und punisch redenden Kreisen
nicht soweit zum Bewusstsein gekommen, dass sie mit
klarer Erkenntniss für ihre Sonderform des Christenthums die
punische Sondersprache als geeignetste Hülle und Waffe zugleich in Anspruch genommen hätten.

Und selbst wenn die theologischen Schriftsteller es erkannt
hätten, so bezweifele ich, dass sie allein und zuerst eine donatistische punische Literatur hätten schaffen können, bevor
nicht eine punische Bibel-Uebersetzung vorhanden war. Sicherlich hätte jene Literatur ohne diese Unterlage nur kurzen
Bestand gehabt. Auch Luthers polemische Schriften wären
ohne seine Bibel-Übersetzung nicht von der nachhaltigen Wirkung gewesen, die sie hatten.

Das war — von ihrem Standpunkte aus betrachtet — der grösste Fehler der Donatisten, dass sie blos in dem Latein der oberen Schichten ihre Sache verfochten, statt dass sie den punisch redenden Gegenden, aus denen ihnen immer wieder frischer, volksthümlicher Zuwachs kam, die christliche Wahrheit in punischer Zunge und in donatistischer Auffassung geboten hätten.

§ 6. Glaube und Sitte.

Partikularismus der Religion und Rauhheit der Sitten bei Berbern und Karthagern. Ob der Ausdruck dotes bei Parmenian aus der Erinnerung an die Feier der communia sacra in Tyrus entstanden? Der nordafrikanische Religions-Partikularismus: sola in Africa ecclesia.

Wenn ich im Folgenden die Untersuchung über das Vorkommen und über das Maass eines nationalen Elementes im Donatismus sich durch die besondere Frage fortsetzen lasse, ob der in Nordafrika vom Christenthume vorgefundene heidnische Glaube, und ob die durch die dortige heidnische Religion gepflegten Sitten der Art waren, dass sie die dem Donatismus eigenthümliche Auffassung einzelner christlicher Wahrheiten hätten hervorrufen können, so ist hier wiederum und zuerst zu betonen, dass davon keine Rede sein darf, dass etwa der Donatismus seinem geistigen Bestande nach aus den Gedanken eines heidnischen Glaubens und einer antochthonen Sitte entstanden sei.

Der Donatismus ist seinem Gedankengehalte nach auf christlichem Boden gewachsen. Die beiden Hauptfragen im donatistischen Streite: ob die Traditorenweihe und die Ketzertaufe gültig seien oder nicht, und ob die Kirche, als die heilige, grobe Sünder bis nach erzeugter Busse auszustossen habe, oder ob die seit Constantin sich herausbildende Staatskirche den gänzlich veränderten Verhältnissen Rechnung zu tragen habe, indem sie die Bussdisciplin nur in geringerem Maasse verwendete, sind natürliche Glieder der Entwickelung eines durchaus christlichen Problems.

Zwar stand grade in der Zeit der Entstehung des Donatismus das Christenthum nicht mehr in der schroffsten Ab-

lehnung alles dessen, was mit dem Heidenthume in Beziehung
stand, wie in den ersten zwei Jahrhunderten seines Bestehens.
Etwa die letzten vierzig Jahre des 3. Jahrhunderts hatten der
christlichen Kirche eine fast ununterbrochene Ruhe vor äusseren
Verfolgungen geschenkt.

Als Diokletian im Jahre 303 aufs Neue und eine der härtesten Verfolgungen des Christenthums eröffnete, überraschte
dieselbe Verhältnisse, welche eher einen friedlichen Uebergang
des Heidenthums zum Christenthum hatten erhoffen lassen.
Unter diesen Verhältnissen wäre es denkbar gewesen, dass
heidnische Anschauungen, Gebräuche und Einrichtungen ein
christliches Gewand übergeworfen und dann den Gang der
inner-christlichen Entwickelung modificirt hätten, wie es später
unter Constantin und noch mehr unter seinen Nachfolgern —
Julian natürlich ausgenommen — thatsächlich geschehen ist,
indem mit den nunmehr in die Kirche hereinfluthenden Heiden
auch ihr väterliches Heidenthum sich in etlichen Winkeln der
Kirche neu etablirte.

Aber in Afrika, wo grade die Donatisten sich aus den
Kreisen herleiteten, die von der vorausgegangenen Verfolgung
am härtesten getroffen waren, sah man noch immer in dem
Heidenthum den Feind schlechthin. Grade die Donatisten
widerstrebten der Kirchenleitung, die die von der letzten Verfolgung noch blutige Hand des Staates ergreifen wollte. Wie
sollten da die Donatisten geduldet haben, dass grade in den
Kreis ihrer Anschauungen und Handlungen heidnische Elemente
sich eingeschlichen hätten?

Man könnte eher annehmen, dass heidnische Elemente nur
gegensätzlich auf den Donatismus hätten wirken können. Der
Widerpart des Donatismus, die Kirche der Katholiker, müsste
vielmehr verdächtig erscheinen, auf theilweise heidnischem
Untergrunde ihre Hallen erbaut zu haben. In allgemeinster
Weise und weil die Kirche der Katholiker sich rühmen konnte,
mit der Reichskirche in Gemeinschaft zu stehen, hatte erstere
allerdings Antheil an dem eben erwähnten Uebel der letzteren,
dass mit den hereinfluthenden Heiden auch heidnische Elemente
der Anschauung sich geltend machen wollten. Das ist auch in
Nordafrika der Fall gewesen, wenn man auch im Jahre 398
mit vielem Geschrei und grosser Feierlichkeit die letzten Zeichen

des heidnischen Kultus in Karthago zerstörte.[1]) Dies näher darzuthun ist hier nicht meine Aufgabe. Es genügt hier, darauf hinzuweisen, dass sich die Donatistische Kirche sicherlich gegen alle die Einflüsse gesträubt haben muss, die von dem einst mit dem römischen Staat verbundenen Heidenthum ihr zuzukommen drohten.

Aber eine andere Frage ist, ob sich der Donatismus derjenigen Einwirkungen hat erwehren können, die aus den heidnischen Religionen, welche nicht mit dem römischen Staate solidarisch gewesen waren, ihn bedrohten? Die autochthonen, von den Römern verdrängten, heidnischen Religionen sahen im Staate Rom ihren Feind; der Donatismus musste in der mit diesem Staate nun immer mehr sich verbündenden Kirche der Katholiker seinen Bedränger erblicken.

Diese Lage der Verhältnisse hätte jedoch nur ein zeitweiliges Zusammengehen von Fall zu Fall zwischen Donatismus und mehr oder weniger autochthonem nordafrikanischem Heidenthum bewirken, aber nicht das geistige Wesen des ersteren modificiren können.

Die Frage muss indessen anders gestellt werden: wenn der Donatismus seine Kraft aus dem Urvolke Nordafrika, aus den Numidiern empfing, zu welchem Stamme der Donatisten die zwar mit den Römern vermischten, aber doch stets widerstrebenden Ueberreste der Karthager hinzukamen, so ist zu untersuchen, ob nicht die ehemals mit dem Leben dieser Völker aufs engste verbundene heidnische Art ihres Glaubens und ihrer Sitten nun, da der Donatismus hauptsächlich aus ihren Reihen beständigen Zuwachs erhielt, den geistigen Bestand des Donatismus inficirt hat? Und umgekehrt, wenn sich in donatistischen Anschauungen und Gewohnheiten solche Züge vorfinden, die auf berberischen oder punischen Glauben und autochthone Sitten als ihre Ursprünge zurückweisen, dann sind diese Einzelzüge wiederum Merkmale eines nationalen Elementes im Donatismus. Also nur um einzelne Züge, die einen begleitenden Umstand des aus dem Widerstreit ursprünglich christlicher Gedanken entstandenen

---

1) Vergl. die Schilderung dieses Vorganges bei Morcelli, Africa christiana. Brixen 1817. Vol. II, a. 398, 3, pag. 338.

Donatismus bezeugen sollen, kann es sich handeln, nicht darum, den ganzen Donatismus nur aus nationaler Empörung hervorgegangen und seine von den katholischen abweichenden Gedanken auf nordafrikanischer Volks-Religion basirt sein zu lassen.

In derselben Weise wie die berberische und, kräftiger, die punische Sprache unter der lateinischen ihre Sonder-Existenz noch lange Zeit behauptet haben, führten auch die Religionen dieser beiden Völker unter den von Italien importirten Göttern ihr Leben weiter. Die römische Staats-Raison hatte auch hier die vorgefundenen heidnischen Culte fortbestehen lassen, so lange sie nicht sich in Schlupfwinkel politischer Empörung umzuwandeln Neigung zeigten.

Entsprechend dem geringen Maasse dessen, was wir von den Berbern überhaupt wissen, ist es nur möglich, die Religion derselben in ihren allgemeinsten Umrissen zu schildern. Nach Herodot[1]) opferten sie den Gottheiten der Sonne und des Mondes; diese dem Herodot bekannt gewordenen Stämme wohnten gegen Osten. Die afrikanische Epigraphik[2]) lehrt uns an einigen in Mauretanien und Numidien gefundenen Inschriften, dass dort besondere Orts- und Stammes-Gottheiten verehrt wurden. Seltsamer und zugleich bezeichnender Weise geben diese Inschriften die berberischen Namen in lateinischer Schrift wieder.

Wenn der thatsächliche Bestand religiöser Vorstellungen nicht wesentlich über den Kreis dieser noch vorhandenen Zeugnisse hinausging, so begnügten sich die Berber mit den ersten und einfachsten Bestandtheilen einer naiven Volksreligion. Man könnte sie als ein in religiöser Beziehung fast unbeschriebenes Blatt ansehen.

Ein besonderer Zug findet sich später auf diesen Seiten eingetragen: wie ich oben bemerkte, hat das Volk der Berbern einmal wenigstens die Hoffnung auf ein nationales Dasein gehabt, nämlich unter Massinissa. Dankbarst verehrten spätere

---

1) IV, 172, 180, 185, 189. Eine allgemeine Angabe bei Tissot a. a. O., tome I, pag. 479.

2) Bei Tissot a. a. O., tome I, pag. 186—490, dort finden sich die einzelnen Nummern des Corpus Inscriptionum Latinarum t. VII angegeben, welche die Unterlage der Tissot'schen Angaben bilden.

Geschlechter ihn und seine Nachkommen als Götter.[1]) Auch Herodot[2]) giebt zu erkennen, dass schon in früheren Zeiten der Toten-Cult eine Stelle in ihren religiösen Vorstellungen einnahm. Ich widerstehe jedoch der Versuchung, hiermit etwa die Reliquien-Abgötterei der Lucilla in Verbindung zu bringen. Toten-Cultus ist ein so allgemeines Element heidnischer Volks-Religionen, und die Reliquien-Abgötterei ist nach den Verfolgungen ebenso in Italien und Gallien entstanden, dass man die Reliquiensucht der Lucilla nicht als besonderes nordafrikanisches Heidenthum ansprechen kann.

Es ist ferner ein Kennzeichen aller partikularistischen Volksreligionen, dass sie das Maass dessen, was man dem Nächsten schuldig ist, nur für den Kreis der Volksgenossen gelten lassen. Diodorus Sikulus erzählt, dass die Berbern gegen die Fremden nicht Treue, noch Gesetz hielten.

Nimmt man hinzu, dass dieser Volks-Partikularismus sich noch in den der Einzel-Stämme zersplitterte, die nach dem Zeugniss der Alten[3]) keinen geordneten Zusammenhang kannten, noch haben wollten; dass ferner dieses Volk, langlebig und abgehärtet, in Rauhheit der Sitten[4]) den Kampf mit den Beschwerden der Wüste und seine fortwährenden Grenzkriege führte, so erhält man aus diesen wenigen Zügen doch ein in sich zusammenhängendes Bild der berberischen Volks-Sitte: Ein Volk erfüllt mit trotzigem, isolirendem Unabhängigkeits-Gefühl, in dem man sich begnügte, wenn man auch den Zusammenhang mit der übrigen Welt und die Theilnahme an ihrer fortschreitenden Cultur entbehren musste.

Dazu hatte, wie eben bemerkt ist, jeder Stamm seine besondere Gottheit; und die Glieder nur dieses Stammes, aber nicht die Fremden, standen unter dieser Gottheit besonderem Schutz.

---

1) Vergl. die literarischen und epigraphischen Zeugnisse hierfür bei Mommsen a. a. O. S. 632. Dazu die Stelle aus Polybius 33, 3.

2) Vergl. die eben angeführten Stellen.

3) So z. B. Pomponius Mela, I, 8: „Quamquam in familias passim et sine lege dispersi, nihil in commune consultant". Dazu Tissot a. a. O. tome I pag. 418: „toute idée de nationalité en est exclue; le patriotisme du Berbère ne dépasse guère la ferka".

4) Vergl. die Schilderung derselben bei Tissot a. a. O. t. I, pag. 478 und 479.

Diese allgemeinen Züge sind nun allerdings geeignet, dass durch sie charakterisirte Volk als günstigsten Boden für einen unabhängigen Seperatismus, der sich von Gott mit einer besonderen Mission betraut glaubt, erscheinen zu lassen. Diese Züge eignen zwar jeder Religion, die eine partikularistische Volks-Religion sein will. Wir erkennen das partikularistische Judenthum im Volke Israel als den Typus hierfür. Insofern wären also die geschilderten Züge nicht etwas dem Berbern-Volke allein Zugehöriges, sondern sie bewiesen nur, dass der berberische Glaube und die berberische Sitte die Merkmale einer partikularistischen Volksreligion aufwiesen.

Mehr können diese allgemeinen Züge für eine Prädisposition der Berbern für den Donatismus nicht besagen.

Ueber dieser autochthonen Religion Nord-Afrikas erhoben sich die Tempel und Götterbilder der Punier. Wir hatten im vorigen Paragraphen gesehen, dass die Sprache der Punier auch die Sprache derjenigen Berbern geworden war, welche überhaupt mit der Cultur in Verbindung traten. [1]) Und mit der Cultur des mächtigern Volkes zogen auch seine Götter in die Anschauungen des überwundenen und in der Cultur tiefer stehenden Volkes ein. Leichteste Arbeit mochte das bei einem so naiven Volke, wie den Berbern, sein, dessen religiöse Vorstellungen kaum aus den ersten Anfängen heraus gekommen waren.

Ich bin jedoch nicht in der Lage, thatsächliche Anhaltspunkte für eine zwischen berberischer und punischer Religion vollzogene Mischung nachzuweisen. Angesichts des Umstandes, dass wir von der berberischen Religion nur sehr geringe, von der Art, dem Ort und der Zeit, in denen diese sich mit der punischen Religion berührt haben könnte, gar keine Kenntniss haben, können wir nur in der allgemeinsten Weise schliessen, dass, wie die punische Sprache in den mit berberischen Abkömmlingen erfüllten Provinzen, Numidien und Mauretanien, trotz der über sie gekommenen lateinischen

---

1) Meltzer weist in seiner „Geschichte der Karthager" nach, dass der libysche Stamm der Elymer in kurzer Zeit von den Puniern vollständig assimilirt worden sei, so dass die Griechen ihn für einen orientalischen hielten. (Bd. 1, S. 31).

Sprache vorherrschte, mit ihr auch die punische Religion in jene Gegenden vorgedrungen ist, wie sich denn auch von dieser die meisten Zeugnisse dort vorfinden.

Ein Uebergang zur punischen Religion seitens derjenigen Berbern, die, aus dem Kreise ihres Stammes einmal entnommen, in den Bereich der überlegenen punischen Cultur gekommen waren, konnte sich um so leichter vollziehen, als der stärkste Zug in dem Bilde der berberischen Religion, der Partikularismus, bei den Puniern in noch verstärkterem Maasse zu finden war. Partikularistische Religionen schliessen ihre Bekenner streng von einander ab, wenn dieselben in Haufen zusammen sind, aber der Einzelne versteht und nimmt leichter das Wesen der anderen Religion an. Sie bietet ihm wesentlich dasselbe, wie die väterliche Religion, in welcher Farbe, kann ihn dann weniger kümmern. Ein solcher würde nur Neues zu lernen haben, wenn er einer universalistischen Religion gegenüber träte.

Ueber die punische Religion wissen wir näheres. Dieselbe war ein Ableger der phönicischen Religion, und sie wollte auch nichts weiter sein. Ueber die letztere glaubte man einst zuverlässige Kunde, aus den von Eusebius aufbewahrten Stücken aus Sanchuniathon [1]) gewinnen zu können. Heute nimmt man jedoch an, dass Philo von Byblus eine Euemeristische Umbiegung der alten phönicischen Volks-Religion beabsichtigt habe; [2]) ein allein nach diesen Fragmenten entworfenes Bild würde also ein schiefes sein.

Der dänische Theologe Münter hat der Darstellung der Religion der Karthager [3]) eine besondere Schrift gewidmet, welche auch heute noch trotz der theilweisen — aber durch das ganze Buch zerstreuten — Weiterführungen Meltzers [4]) im Wesentlichen nicht überholt ist.

Nach dieser Darstellung haben die ersten phönicischen Ansiedler ihre Götter von Tyrus mitgebracht. Der dort herr-

---

1) Sanchoniathonis fragmenta de cosmogonia et theologia Phoenicum Orelli. Lipsiae 1826. Bei Eusebius in der Praeparatio evangel. l. I.

2) Vergl. hierüber: Baudissin, Studien zur Semitischen Religions-Geschichte. Leipzig 1876. I. Ueber den religionsgeschichtlichen Werth der phönicischen Geschichte Sanchuniathons.

3) „Religion der Karthager." Kopenhagen 1821.

4) Geschichte der Karthager. Bd. 1.

schende Stern- und Feuerdienst schloss sich an den Namen
und die Bilder Baals oder Molochs an. Daher findet sich auch
in Karthago als höchst anerkannter Tempel, in dem die Berichte der Feldherren und Entdecker niedergelegt wurden (S.
12 u. 13), der Baals-Tempel vor. Neben Baal wurde dem
ebenfalls von Tyrus mitgebrachten Melkarth grosse Verehrung
erwiesen. Er war der eigentliche punische National-Gott, der
Stadtkönig von Tyrus (S. 40). Schon die älteste Zeit indenti-
ficirte den Melkarth der Punier mit dem Herkules der Griechen.
Wenn dieses Gottes Fest in Tyrus begangen wurde,
mussten die phönicischen Colonien ihre Gaben als Zeichen des
andauernden Zusammenhanges mit der Mutterstadt senden;
unter den Huldigungszügen war der von Karthago der reichste.
(S. 52 ff.) Die communia sacra, welche die Colonien mit der
Mutterstadt, begingen, waren eine beständige Erinnerung daran,
dass die Colonien ihre Götter und damit alles, was sie in der
Fremde mit geistigen Banden zusammenhielt, von Tyrus mit-
genommen hatten. „Die Colonien brachten ihre heilige Lampe
aus der Mutterstadt mit; erlosch diese zufälliger Weise, so durfte
sie nur dort wieder angezündet werden." (S. 55.) Die Mutterstadt hatte die Tochterstädte mit einer Mitgift an geistigen
Gaben ausgestattet; dessen sollten die Colonien nie vergessen;
an dieser Erinnerung sollten sie sich stets prüfen, ob sie noch
nach der alten phönicischen Weise wandelten.

Ich stehe nicht an, aus dieser alt punischen Sitte und
aus der dieser Sitte als Unterlage dienenden Anschauung heraus einen im donatistischen Streite hinüber und herüber ge-
worfenen bildlichen Ausdruck zu verstehen, dessen Gebrauch
in diesem Sinne nach der übereinstimmenden Aussage der
Optatus-Erklärer an keiner anderen Stelle der vorhergehenden
kirchlichen Litteratur sich findet, dessen Entstehung an dieser
Stelle daher einer Erklärung bedarf.

Das 2. Buch des Optatus bemüht sich in seinen ersten Ka-
piteln einen von Parmenian zuerst gebrauchten Ausdruck oder
vielmehr das durch den letzteren Bezeichnete den Donatisten
ab- und den Katholikern zuzusprechen. Parmenian hatte in
seiner — jetzt verloren gegangenen und daher nur aus der
Gegenschrift des Optatus inhaltlich zu rekonstruirenden —
Schrift aufgestellt, dass die wahre Kirche Christi an 6 dotes,

6

Gaben der der Braut Christi mitgegebenen Mitgift zu erkennen sei. Die Bestimmung dieser 6 dotes des Parmenian, von denen Optatus nur 5 gelten lassen will, ist eine alte crux interpretum des Optatus. Die 6 dotes des Parmenian sind:

1. cathedra, eine Gabe, die in der Erwiderung des Optatus sofort zur cathedra Petri wird, während Parmenian nur die im Bischof überhaupt sich darstellende Lehr - Autorität und Lehr-Einheit gemeint haben wird.

2. angelus (die Lesart annulus ist aufzugeben), d. h. nicht der Bischof, sondern der in den 7 apokalyptischen Sendschreiben erwähnte, das Taufwasser in Bewegung setzende, dem Episkopat zur Seite stehende Engel. Es scheint, dass Parmenian durch diese Beziehung auf die 7 apokalyptischen Gemeinden sich gegen die Erklärung geschützt haben wollte, dass nur die Gemeinschaft mit der Kirche Roms die Zugehörigkeit zur rechten Kirche verbürge; übrigens eine nutzlose Ausflucht, da, wie Optatus und Augustin das häufig hervorheben, die Kirchen des Orients sich für Rom und gegen die Donatisten entschieden hatten.

3. spiritus, der heilige Geist.

4. fons, die Taufe.

5. sigillum, das Taufsymbol.

6. umbilicus, worunter Parmenian, den Ausdruck aus Cantic. Cantic. 7, 2 schöpfend, den Altar verstand, während Optatus den richtigen Einwand erhebt, dass der umbilicus, der ein Theil des Körpers sei, nicht auch ein ornamentum, ein Theil der Mitgift, sein könne.

Wo diese dotes seien, da sei die rechte Kirche Christi zu finden, hatte Parmenian aufgestellt, und Optatus müht sich ab, diese Kennzeichen für seine Kirche allein in Anspruch zu nehmen.

Wie ist Parmenian dazu gekommen, als der Erste in der kirchlichen Literatur den Bestand an geistlichen Kräften, Gaben, Verheissungen, Segnungen, der der Kirche Christi eigen, unter diesem Bilde der Mitgift einer Braut zusammenzufassen? Man wird antworten: das Hohelied habe dem Parmenian diesen Ausdruck gegeben.[1]) Ich könnte weiter fragen, woher denn Par-

---

1) Ephes. 4, 8 und 5, 25 squ. sind hier nicht anzuziehen, da in der ersteren Stelle von solchen Gaben die Rede ist, die den einzelnen Menschen

menian als der Erste auf diese Einlegung in das Hohelied gekommen sei? Denn obwohl die Ausdeutung des Hohenliedes
auf das Verhältniss Christi zur Kirche längst im Schwange
war, so ist doch im ganzen Hohenliede von einer Mitgift und
von einzelnen Gaben dieser Mitgift nirgends die Rede. Ausserdem führt nur eine der 6 dotes des Parmenian, der umbilicus,
direct auf das Hohelied zurück, die anderen sind mit keinem
Ausdrucke dieses Buches zu decken.

Nun ist zwar in den eben erwähnten, von Münter[1]) gegebenen Nachweisen über die geistliche Ausstattung, welche
die Mutterstadt Tyrus ihren Colonien mitgab, und über die
zur Erinnerung an die einstige Ausstattung gefeierten Feste
und entrichteten Tribute das Wort dotes, προίξ, προίκες, nicht
enthalten. Aber ich bekenne mich zu der Vermuthung, dass
die punische Anschauung, nach welcher man den Bestand seiner
Religion als eine Gabe und Mitgift der Mutterstadt ansah,
wieder aufleben und sich der alten Ausdrücke bedienen konnte
Angesichts der christlichen Wahrheit, dass Gott seiner Kirche
als der Braut Christi, eine Mitgift an Kräften und Segnungen
verliehen habe, durch welche sie sich stets als die rechte Kirche
legitimiren sollte. Man kannte in punischen Kreisen das Wort,
und man war an eine geistliche Bedeutung desselben früher
gewohnt gewesen, Parmenian erfüllte das altgewohnte Wort
mit christlichem Inhalt.

Ich kehre nach diesem Exkurs dazu zurück, die Darstellung
der Karthagischen Religion nach Münter wiederzugeben. Zur
Verehrung sowohl des Baal, als auch des Melkarth finden wir
die schon von den Zeitgenossen verabscheute Sitte der Menschen-
opfer auch in Karthago eingeführt. Nicht nur Kriegsgefangene
oder Sklaven schlachtete man dem Gotte zu Ehren, sondern in
Zeiten öffentlicher Noth und Bedrängniss brachte man die
eigenen Kinder zum Opfer dar. (S. 19, 25, 26, 51).

Bis in das 3. Jahrhundert hätte sich die scheussliche Sitte,
trotz aller Verbote, sogar in Karthago selbst, erhalten (S. 29, 31).

verliehen sind, nicht aber der Gemeinde als der Braut Christi. Die letztere
Stelle hat zwar das Bild: Gemeinde-Braut Christi, aber dort ist nicht von
einer Mitgift die Rede. Und um diese handelt es sich hier.
1) Religion der Karthager, S. 52—56.

Nehmen wir hinzu, dass man in demselben Volke die Kabiren, Inkarnationen von Naturkräften, verehrte, und dass man von den Bäthylien, d. h. Orakeln sich abhängig fühlte, so verstehen wir, weshalb das düstere Bild der Karthagischen Religion zu allen Zeiten den umwohnenden Völkern Grauen einflösste. (S. 153).

Wir verstehen dann aber auch, dass die Nachkommen derjenigen, die einst von der Sprache und von dem finsteren Aberglauben der Punier mit umschlossen waren, die Circumcellionen, in denen noch im 4. Jahrhundert, fern von den grossen Städten und ihrer sänftigenden Cultur, die Rauhheit ihrer Lebenslage einen punischen Atavismus hervorbrechen liess, sich vom Felsen herabstürzten, sich marterten und auf grausame Weise sich und andere vom Leben zum Tode brachten, dabei aber meinten, Gott einem Dienst zu thun. Ich werde im nächsten Paragraphen darthun, dass die schwärmerische Selbst-Vernichtung der Circumcellionen nicht irgend einer Art mönchischer Askese entsprang, sondern es war ein punischer Atavismus.

Der gleiche Zug endlich, der die alte Berbern-Religion zu einer partikularistischen gemacht hatte, findet sich verstärkt im alten Punier-Glauben vor: nur für Karthago sollte Afrikas Sonne scheinen, und dazu verehrte man die punischen Götter, dass sie die Punier in der Herrschaft Afrikas erhielten. Ein überall wiederkehrender heidnischer Zug, der sich aber in dem düsteren, eigensinnigen Wesen Karthagos doppelt fest einnisten musste.

Dieses alt-überkommene Bewusstsein von der besonderen Gnade Gottes über Afrika war der breite Untergrund, auf dem die Donatisten ihre festeste Position hatten. Wenn Augustin [1]) ihnen immer und immer wieder vorhält, dass ihre Behauptung, allein in Afrika sei die wahre Kirche, und: in meridie. i. e. in Afrika sei Christus, der Bräutigam der Kirche in dem Hohenliede, zur Ruhe gegangen, haltlos und unchristlich sei, wenn

---

1) Nicht nur im 9. Bande, der die eigentlich antidonatistischen Schriften umschliesst, sind viele Seiten diesem Gedanken gewidmet, sondern wo sich eine Gelegenheit dazu bietet, glaubt Augustin den Donatisten das Widerchristliche ihres religiösen Partikularismus vorhalten zu müssen. So z. B. in den Predigten: serm. 46, 38, tom. 5, 293, serm. 47, 18, tom. 5, 306 u. a. a. O.

er sich nicht die Mühe verdriessen lässt, an einigen Stellen selbst die Begründung donatistischer Prärogative auf Simon von Cyrene, der ein Afer gewesen sei, ad absurdum zu führen, so begreift man nicht, wie die Donatisten diesen klarsten Vorhaltungen gegenüber ihre partikularistischen Ansprüche aufrecht erhalten konnten.

Die Donatisten vertraten andere Wahrheiten, die einleuchtender waren und wahrhaft christliche Interessen in sich schlossen. Aber die anti-donatistische Polemik Augustins muss sich gegen keinen Satz so häufig wenden, als gegen den von der alleinigen Christlichkeit Afrikas.

Wollen wir nicht annehmen, dass Augustin schwerer wiegende Gegengründe unbeachtet gelassen habe, um an den schwächeren billige Triumphe zu ernten — ein Gedanke, der einem Augustin gegenüber fern bleiben muss, — so haben sich die Donatisten nicht gescheut, ihr Afrikanisches Sonderbewusstsein auch in den Angelegenheiten der christlichen Kirche immer wieder hervorzukehren. Man kann thörichte Gründe dann vorbringen, wenn man weiss, dass die zu vertretende Sache auch ohne Begründung feststeht.

Die Donatisten wussten ihre Sache in dem Afrikanischen Sonder-Bewusstsein breit und fest beruhend.

Wenn sie an dieses Bewusstsein anklopften, geschah es auch mit den thörichtsten Sätzen, so geschah es doch nie vergebens. Und ihr Bestreben, diese Sätze in ein christliches Gewand zu hüllen, begegnete den alten Erinnerungen der Berbern und Punier, dass Afrika von Alters her unter seiner Götter besonderm Schutze stand.

Dieser Untergrund des heidnischen Partikularismus der alten Volks-Religionen verschaffte dem Donatismus seine breiteste Grundlage.

§ 7. Die Circumcellionen.

Dieselben sind nicht schwärmerische Mönche, sind nicht mit den Donatisten organisch verbunden, sondern in ihnen tritt ein sociales Element mit und unter den nationalen Elementen des Donatismus auf.

In zwei Nachrichten hatte ich die Circumcellionen bereits erwähnen müssen: dass sie punisch sprachen und, dass durch einen punischen Dolmetscher mit ihnen verhandelt wurde;

ferner: dass die alte karthagische Selbstvernichtungs-Wuth
in ihnen wieder aufgelebt zu sein schiene.
Wer waren die Circumcellionen?
Bei den älteren Historikern werden sie durchweg als
schwärmerische Haufen geschildert, die durch eine asketische
Regel zusammengehalten wurden. Einige Schriftsteller machen
sie womöglich zu einem bereits organisirten Mönchsorden.
Wenigstens aber soll es eine christliche schwärmerische Secte
gewesen sein. Dieser Irrthum ist auch von den neuesten Schriftstellern
theilweise beibehalten. So schreibt z. B. Voelter:[1] „Die Circumcellionen sind nichts anderes, als christliche Asketen beziehungs-
weise Anachoreten auf einer noch unentwickelten Stufe mön-
chischen Lebens." Und ähnlich spricht Schwarze[2] von „dem
gemeinsamen und mönchsartigen Leben der Circumcellionen."
Wahrscheinlich hat die Selbstbezeichnung der Circumcellionen
als agonistici, wozu man nach der Entgegnung Augustins[3]
Seitens der Donatisten Christi hinzugesetzt glaubte — es steht
aber nicht dabei, ebensowenig wie milites Christi hier als Benennung ausgegeben wird, sondern Augustin wünscht, dass
diese agonistici milites Christi sein möchten, aber sie seien
milites diaboli — und ihre der katholischen Grussformel deo
gratias entgegengesetzte Formel deo laudes,[4] oder die um-
ständliche Begründung Augustins,[5] warum jene den Namen
„monachi" nicht verdienten, diese Meinung hervorgerufen. Aber
die letzterwähnte Ausführung Augustins setzt einen Gedanken
fort, der seinen Anfang einige Seiten vorher[6] hat. Die Donatisten hatten über den Namen monachi gespottet, weil diese
doch nicht μόνοι, sondern in Schaaren vereint wären; dagegen
erinnert Augustin daran, dass man auch den Namen der Circumcellionen in Circellionen verdrehen und also seinen Spott
darüber haben könne; und wenn die Donatisten die Circum-

---

1) a. a. O. S. 10.
2) Untersuchungen über die äussere Entwickelung der Afrikanischen
Kirche. Göttingen 1892. S. 70.
3) Enarratio in psalmum 132, n. 6, tom. 4, 1732.
4) Ebendort.
5) Ebendort.
6) Ebendort n. 3, tom. 4, 1730.

cellionen agonistici genannt zu hören wünschten, weil in der Schrift (2. Timoth. 4, 7) von einem „guten Kampfe" die Rede sei, so rede diese vorliegende Psalmstelle (132, V. 1 nach der Zählung der heutigen Vulgata!): „ecce quam bonum et quam jucundum habitare fratres in unum. μόνος enim unus dicitur" c. q. s. und daher, weil die Mönche in Eintracht beisammen wären, hiessen die Mönche mit Recht monachi, so gut, wie die Circumcellionen agonistici genannt würden. Der Zusammenhang dieser Stelle bietet also durchaus keinen Anhalt dafür, in der Nebeneinanderstellung der Namen agonistici und monachi eine Vergleichung des Wesens dieser beiden Menschenklassen zu erblicken.

Aber die Erklärung bei Du Cange: Circumcelliones dicuntur, qui sub habitu monachorum usque quaque vagantur und die daran verknüpfte Vergleichung mit den durch verschiedene abendländische Synodal - Beschlüsse verbotenen κυκλάριοι und ψευδερεμῆται, den clerici vagantes der ältesten Zeit, wird sich wohl noch einige Zeit in der theologischen Literatur erhalten. Dagegen muss ich bekennen, kein Zeichen einer mönchsartigen Lebensweise der Circumcellionen irgendwo gefunden zu haben. Aus dem 35. Briefe Augustins[1]) n. 2 ist doch nicht zu entnehmen, dass der seines Wandels wegen erst von den Katholikern und dann auch von den Donatisten aufgegebene Diakonus Primus bei den Circumcellionen „wandernde Nonnen - Orden" gegründet habe, sondern die beiden sanctimoniales sind ihm gefolgt, um an dem zuchtlosen Leben der Circumcellionen theilnehmen zu können.

Mehr noch: die Circumcellionen waren nicht nur keine Mönche, sie waren sogar anfänglich keine Christen. Oder mit anderen Worten: die Menschen-Haufen, die mit diesem Namen der Circumcellionen bezeichnet wurden, haben sich schon zusammengerottet in einer Zeit, als die nordafrikanischen Provinzen statt des donatistischen Streites noch ein ungehindertes Heidenthum sahen. „Qui autem sciunt et ante ipsas leges (d. h. vor den zur Herstellung der Einigkeit der Kirche erlas-

---

1) „Duae sanctimoniales nunc cum gregibus circumcellionum inter vagabundas greges feminarum, quae propterea maritos habere noluerunt, ne habeant disciplinam" c. q. s.

88

senen kaiserlichen Gesetzen. durch deren Ausführung die Donatisten und Circumcellionen in Bedrängniss geriethen) quid facere
soleant, non eorum mirantur mortes, sed recordantur mores,
maxime quando adhuc cultus fuerat idolorum, ad Paganorum
celeberrimas solemnitates ingentia turbarum agmina veniebant,
non ut idola frangerent. sed ut interficerentur a cultoribus idolorum," berichtet uns Augustin.[1]) Die Stelle besagt, dass die
Circumcellionen damals schon — ante leges — bei heidnischen
Götzenfesten, bei denen Menschenopfer dargebracht wurden,
zugegen waren, und zwar waren sie nicht in der feind-
seligen Absicht herzugeströmt, ut idola frangerent, sondern
ihre Absicht war, getötet zu werden, d. h. sich töten zu lassen von den Götzen-Anbetern. Und diese Selbstmord-Manie
grassierte dann und dort, wenn die heidnischen Götzen-
feste durch Menschenopfer gefeiert wurden. Man wird nicht
umhin können, die rasenden Schaaren der Selbstmörder als
sich selbst den Götzen zum Opfer darbietende Heiden aufzufassen. Darum schliesst Augustin angesichts der Selbstmord-
Manie der Circumcellionen mit den Worten: „Die Kundigen
wundern sich nicht über diese Todes-Arten, sondern sie erinnern
sich an die früheren Sitten."

Zunächst geht also aus dieser Stelle die Herleitung der
Mord-Manie aus den altpunischen Menschenopfern hervor; sodann ist nicht irgend ein hernach falsch geleiteter, aber ursprünglich christlicher Impuls der Grund dieser Greuel, sondern
heidnische, punisch-nationale Erinnerungen, oder endlich, wenn
man die ingentia turbarum agmina direct mit den Circumcellionen identificirt, dann haben die Circumcellionen als solche
sich noch an heidnischen Götzenfesten und punischen Menschen-
opfern betheiligt.

Diese letztere, den anfänglich heidnischen Charakter der
Circumcellionen am meisten beweisende Auffassung wird unterstützt durch eine andere Stelle aus Augustin:[2]) „Eorum est
enim hominum genus, qui solent haec et antea facere, maxime
cum idololatriae licentia usque quaque ferveret, quando isti
Paganorum armis festa sua frequentantibus irruebant." Hier

1) epis. 185, cap. 3, n. 12, tom. 2, 797.
2) Contra Gaudentium lib. I, cap. 28, n. 32, tom. 9, 725.

wird dem hominum genus der Circumcellionen diese Gewohn-
heit als eine zur Zeit des noch erlaubten Götzendienstes häufig
geübte zugeschrieben; demnach ist anfänglich ihr Charakter
ein heidnischer gewesen.

Hiergegen ist auch die verschämte donatistische Berufung
auf das Beispiel des Razias[1]) (2. Makk. 19, 41), wodurch der
gesuchte Märtyrer-Tod seine Vertheidigung finde, nicht anzuziehen: denn ebenso sicher, wie das anfängliche Heidenthum
der Circumcellionen, ist auch, dass die Donatisten, nachdem
einmal diese jene zur Hülfe gerufen hatten,[2]) den wilden
Streiterschaaren ein christliches Gewand umzulegen bemüht
waren. Die Berufung auf Razias ist sicherlich nicht eigene
biblische Lesefrucht der Circumcellionen gewesen, sondern
Gaudentius hatte sie damit zu entschuldigen versucht. Oder
wenn man die Bezeichnung[3]) ihrer Keulen als „Keulen Israels"
als ein Zeichen ihrer Christlichkeit citirt findet,[4]) so hebt
dort Augustin ausdrücklich hervor, dass, da die Zeiten der
Makarianischen Verfolgung längst vorbei seien, das Unrecht
dieser Benennung der Circumcellionen heute täglich vor Augen
liege. Ausserdem ist dieses biblische Wort für eine Keule
ein zwar handgreifliches, aber doch sehr äusserliches Zeichen
für die Christlichkeit ihrer Träger. Es steht zu vermuten,
dass es den Keulen und ihren Trägern gleichgültig war, ob
sie Keulen Baals oder Keulen Israels genannt wurden. Aber
denen, welche die Keulenträger in ihrem Interesse lenken
wollten, musste daran liegen, sie mit letzterem Namen genannt
zu sehen.

---

1) Vergl. Augustin Contra Gaudentium lib. I, cap. 31, u. 36 sq.
tom. 9, 728.

2) Ich brauche hier auf die schwierige Zeitbestimmung des ersten
Auftretens der Circumcellionen nicht näher eingehen; es genügt hier die
Angabe, dass ich die Circumcellionen als durch sociale und agrarische
Nöthe — wie nachher zu zeigen ist — zusammengebrachte Schaaren schon
im Anfange des 4. Jahrhunderts vorhanden glaube, dass sie aber mit den
Donatisten erst durch Donatus von Bagai und gegenüber den staatlichen
Bedrückungen des Makarius unter Kaiser Constans gegen 347 in Ver-
bindung traten.

3) Augustin enarratio in psalmum 10. n. 5., tom 4, 134.

4) So bei Ribbeck, a. a. O S. 125. Dort ist irrthümlich psalmus 40 citirt.

Ebenso ist die Grussformel deo landes, welche der Circumcellionen Schlacht-Geschrei gewesen ist, nicht anders aufzufassen, als ein äusserlich ihnen vorgesagtes Partei-Wort, um
sie damit kurz, aber nicht gut, zu Christen gemacht zu haben.
Die Circumcellionen sprachen punisch, und wenn Augustin[1]) in
seiner Gegenüberstellung dieser mit der katholischen Formel
deo gratias sagt, dass das deo landes der Circumcellionen ge-
fürchteter sei, als Löwengebrüll, so meine ich darin einen
Spott über den aus rauher punischer Kehle kommenden lateinischen Gruss zu vernehmen.

Wenn es richtig ist, was Schwarze[2]) uns auch mit epigraphischen Nachweisen darlegt, dass diese beiden Formeln
ein Schibbolet der kirchlichen Parteien waren, so war es sogar
nöthig, dass die Circumcellionen in den lateinisch redenden
Gegenden diese Worte konnten und kannten. Aber wiederum
mochte es den Circumcellionen gleichgültig sein, ob der Gott,
dem diese landes galten, Baal oder der Christengott war.

Dadurch soll nicht ausgeschlossen sein, dass im Laufe
der Jahre dennoch das durch die gemeinsame Noth staatlicher Bedrängung entstandene Bündniss zwischen Donatisten
und Circumcellionen einige der Letzteren, vielleicht sogar Viele,
mit donatistischer Gesinnung und damit auch mit christlichen
Gedanken erfüllte.

Wenn eine politische Partei sich mit einer kirchlichen
Partei zusammenfindet, ist eine Rückwirkung dieser auf einzelne
Mitglieder jener unausbleiblich, aber dieses äussere Bündniss
schafft noch keine religiöse Umwandelung Aller.

Die Circumcellionen als solche waren nicht eine Abart
der kirchlichen Donatisten-Partei, sie waren überhaupt keine
durch religiöse Motive zusammengeführte Partei.

Ihr Verhältniss zu den Donatisten war denn auch nur ein
loses, nicht ein organisirtes und noch weniger ein aus innerer
Gleichartigkeit der Bestrebungen hervorgegangenes. Selbst
wenn Augustin[3]) die Circumcellionen-Greuel den Donatisten

---

1) Enarratio in psalmum 132, n. 6, tom. 4, 1732.
2) a.. a. O. S. 70.
3) Epist. 133, 1. u. 2. tom. 2, 509 und 511 und an vielen anderen
Stellen.

zuzuschieben bemüht ist, führt er, beide auseinanderhaltend, sie immer mit den Worten ein: Circumcelliones et clerici donatistarum. Dass nachher die Rogatianer sich feierlich und öffentlich von den Circumcellionen lossagten, ist bekannt; dass einzelne donatistische Bischöfe es nicht daran fehlen liessen, mit aculeis verborum auf die Circumcellionen einzudringen, muss Augustin[1]) selbst zugestehen. Augustin[2]) erzählt endlich, dass ein kaiserliches Gesetz wider die Donatisten wohl auch die Circumcellionen erwähne, aber dieselben gesondert anführe und besondere Massregeln gegen diese anordne, und als auf dem Karthagischen Religions-Gespräch im Jahre 411 Seitens der Katholiker aufgestellt wird,[3]) dass die Circumcellionen ihre Leiden non pro communione Donati sed pro sceleribus suis erlitten hätten, wird dem von den Donatisten nicht widersprochen.

Selbstverständlich sind zahlreiche Stellen dafür anzuführen, dass die Circumcellionen sub ducibus clericis et episcopis donatistarum ihre Schandthaten ausgeführt haben[4]), und dass die donatistischen Bischöfe sich ihrer, als einer Leibwache bedienten[5]). Wäre das nicht einmal der Fall, so hätte die Geschichtschreibung die beiden Namen überhaupt nicht mit einander in Verbindung bringen können. Aber aus dem zuvor Angeführten geht soviel hervor, dass diese Verbindung keine organisirte war und sich auch nirgends als auf einer inneren Gleichartigkeit den Bestrebungen beruhend zeigt.

Die Bestrebungen der Donatisten waren kirchlicher, später theilweise sogar religiöser Art; welcher Art waren die eigentlichen Bestrebungen der Circumcellionen? Welche Motive hatten sie sich zusammen schliessen lassen? Wie ich schon in dem 3. Paragraphen anmeldete, so sind die Rotten der Circumcellionen als eine auf dem Lande entstandene und verlaufende sociale Bewegung aufzufassen.

---

1) epist. 108, nach 14, tom. 2, 414.
2) Contra epist. Parmen. lib. I, 19. tom. 9, 48.
3) Brevic collat. cum donatistis. d. III. cap. 8 u. 13, tom. 9, 631.
4) Enarratio in psalmum 19, n. 5. tom. 4, 143 epist. 105. n. 3 tom. 2, 397 und viele andere Stellen.
5) Contra Cresconiam Donatistam lib. 4 n. 60, 61. tom. 9, 580, 551.

Augustin nennt sie ein genus hominum agreste[1]), maxime in agris territans, ab agris vacans et victus sui causa cellas circumiens rusticanas, unde et Circumcellionum nomen accepit[2]), und wenn er an dieser letzteren Stelle hinzufügt, dieses genus hominum agreste sei jetzt ab utilibus operibus otiosum, so würde dieser Ausdruck heute mit dem Worte „ausständig" zu übersetzen sein.

Das vierte Jahrhundert sah eine agrarisch-socialistische Bewegung durch das ganze römische Reich hindurchgehen. Die stärkste dieser Bewegungen war die der Bagauden in Gallien[3]), aber auch Nord-Afrika, noch immer hauptsächlich die Verpflegung Roms leistend, wurde von derselben nicht verschont. Gerade dort war die Latifundien-Wirthschaft ins Kraut geschossen[4]); die Lage der coloni hatte dazu getrieben, dass sie sich zusammenrotteten, um sich mit Gewalt der drückenden Pachtschulden zu entledigen. In diesen Rahmen passen die Einzel-Züge genau hinein, welche uns Optatus[5]) von dem Treiben der Circumcellionen unter ihren Führern Axido und Fasi — beiläufig sei bemerkt, zwei Namen von berberischem Klang — aufbewahrt hat: „nulli licuit securum esse in possessionibus suis; debitorum chirographa amiserant vires; nullus creditor illo tempore exigundi habuit libertatem. domini de vehiculis suis excussi ante mancipia sua dominorum locis sedentia serviliter cucurrerunt."

Diese Züge zeigen den Charakter der Circumcellionen als einen socialistischen; eine religiöse Sekte hätte vielleicht die Reichen zu Fusse gehen und die Armen fahren lassen, aber sie hätte nicht mit dieser genauen Sorgfalt sich der Vernichtung gerade der chirographa debitorum angenommen. Aber die ländlichen coloni, kleine Pächter, wurden gerade durch die Pacht-Schulden gedrückt.

---

1) De haeresibus. cap. 69. tom. 8, 43.
2) Contro Gaudentium. lib. l. cap. 28. n. 32 tom. 9, 725.
3) Hertzberg, Geschichte des römischen Kaiserreichs. Bd. II, 1. der Onken'schen Sammlung. S. 667 ff.
4) Vergl. hierüber: Julius Jung, Zur Würdigung der agrarischen Verhältnisse in der römischen Kaiserzeit. Historische Zeitschrift v. Sybel. Bd. 42. (neue Folge Bd. 6) S. 43. bes. S. 53 ff.
5) lib. 3, cap. 4. pag. 60.

In den Vandalen-Zeiten erscheinen die Circumcellionen nicht mehr als wilde Schaaren, sondern geradezu als ein Stand. Bei einer Straf-Contribution werden sie nach den „illustres, spectabiles, senatores, principales, sacerdotales, decuriones, negotiatores, plebei", endlich „circumcelliones" als die letzte niedrigste Klasse genannt.[1])

So erscheint in den Schaaren der Circumcellionen die donatistische Bewegung von einem socialen Momente durchsetzt. Aber, obwohl das Motiv dieser Zusammenrottung ein sociales war, das Material, aus dem die Schaaren sich gebildet hatten, war ein national bestimmtes: es waren autochthone Berbern, die, von der nächst höheren Culturschicht des Punischen aufgenommen, diese Sprache sprachen, und in ihre nothdürftigsten religiösen Vorstellungen vielfach punische Elemente übernommen hatten, aber im Uebrigen dieselben Ackerbauer geblieben waren, als die sie unter Massinissa das Land besessen hatten. Nur waren sie jetzt zinspflichtige Schuldner grosser römischer Herren oder des Staates geworden, und daher stammte ihre Noth.

Ausser der Sprache hatte ich als Zeichen autochthoner Abstammung der Circumcellionen ihre Mordlust und Grausamkeit hingestellt. Wir hatten sogar den Zusammenhang dieser Mordgier mit den noch zu der heidnischen Zeit gefeierten Götzen-Festen und Menschen-Opfern bezeugt gefunden.

Wiederum muss ich auch hier die Verwahrung anfügen, dass man nicht etwa die Morde und Selbstmorde der Circumcellionen als direkte Fortsetzung des Baals-Dienstes ansehen soll, sondern die durch die Menschen-Opfer zu einem Charakterzug des Nord-Afrikanischen, berberisch-punischen Volkes gewordene Mordgier bethätigte sich und wachte wieder auf in den Greuelthaten der Circumcellionen.

Ich wiederhole das Urtheil: die Greuel der Circumcellionen waren ein liby-punischer Atavismus.

Zwar haben sich die Donatisten von diesen Thaten und ihren Urhebern losgesagt; aber doch liess sie die gemeinsame

---

1) Victor episc. Vit. hist. persecut. Africae rec. Petschenig. Wien 1881. lib. III. § 10. S. 76.

Lage, dass beide im Staate ihren Bedränger erblicken mussten, immer wieder in einzelnen Fällen sich verbünden. Dieses Bündniss schloss sich immer leicht zusammen, denn seiner nationalen Zugehörigkeit nach musste ein grosser Theil der Donatisten zu den Circumcellionen sprechen: Das ist doch Bein von meinen Beinen, und Fleisch von meinem Fleisch!

§. 8. Ein zeitlicher Längsschnitt.

Der Diakon Felix. Die Stellungnahme Constantins. Die Opposition des Donatus. Die Nachfolger Constantins. Gildo. Firmus. Das Religions-Gespräch zu Karthago.

Um kein Moment ausser Acht zu lassen, welches den Donatismus als mit nationalen Merkmalen versehen erkennen liesse, hatte ich im 3. Paragraphen angekündigt, neben den sachlichen Querschnitten einen zeitlichen Längsschnitt ziehen zu wollen.

Ich werde das Jahrhundert des Donatismus, von 311 bis 411, der Zeitfolge nach in der Kürze perlustriren und darauf mein Augenmerk richten, wo etwa solche Personen, die in der donatistischen Bewegung sich hervorthun, durch konkrete Handlungen in das politische Leben hinübertreten, oder wo umgekehrt hervorragende Persönlichkeiten des politischen Lebens bestimmend in die Schicksale des Donatismus eingreifen. Dabei wird mein Bestreben sich darauf richten müssen, dass ich, um im Rahmen der gestellten Aufgabe zu bleiben, nur solche Berührungen und Wechselwirkungen zwischen dem politischen Leben und der kirchlichen Bewegung in Betracht ziehe, welche durch nationale Bestrebungen innerhalb der letzteren hervorgerufen und bestimmt sind.

In dem Gähren und Treiben innerhalb der Karthagischen Gemeinde, welches der Vorbote des donatistischen Streites war, sehen wir einen Cleriker durch eine Broschüre auf das politische Gebiet hinübertreten. Der Diakon Felix hatte famosam nescio quam de tyranno imperatore tunc factam epistolam veröffentlicht.[1]

Man hat darüber gestritten, wer unter dem imperator tyrannus zu verstehen sei? Ob der Usurpator Alexander, der eine Afrikanisch gefärbte Fahne der Empörung in Karthago

---

[1] Optat. lib. I, 17, pag. 17.

erhoben hatte,[1]) oder Maxentius, der, in Rom residirend, nicht minder als Usurpator gegenüber dem rechtmässigen Cäsar Severus zu betrachten war? Das überwiegende Votum der Historiker lautet jedoch dahin. Maxentius als den Adressaten des aufrührerischen „Offenen Briefes" anzusehen. Die Gründe dafür hat zuletzt Voelter[2]) zusammengestellt und nachgeprüft.

Indem ich darüber hinaus zur Entscheidung dieser Frage nichts beitragen zu können bekenne, habe ich hier zu zeigen, wie vortrefflich dazu, dass Felix für Alexander und gegen Maxentius geschrieben habe, die Annahme nationaler Nord-Afrikanikanischer Velleitäten in den Kreisen der Karthagischen Gemeinde passt, aus denen das donatistische Schisma hervorgehen sollte.

Maxentius hatte sich zwar den Christen geneigt gezeigt, um diese immer mächtiger werdende Partei für sich zu gewinnen. Aber Afrika hatte die Hand des Siegers schwer fühlen müssen: Cirta und Karthago hatten schwer gebüsst.[3]) Dagegen hatte Felix in nationalem Unwillem die Feder ergriffen.

Aber weshalb sollte Felix zu der nationalen Partei, die späterhin die Donatisten-Partei wurde, zu zählen sein?

Es ist undenkbar, dass ein Cleriker der Karthagischen Gemeinde als solcher gegen Maxentius schrieb, wenn nicht andere Gründe ihn dazu trieben. Denn derselbe Maxentius, der die Stadt Karthago schwer gezüchtigt hatte, überhäufte die christliche Gemeinde daselbst mit Wohlthaten. Noch auf dem Karthagischen Religionsgespräche zu Karthago im Jahre 411 werden Aktenstühe verlesen, nach welchen der römische Bischof Melchiades „misisse diaconos cum literis Maxentii imperatoris et literis praefecti praetorio ad praefectum urbis," dass den Christen alles durch die Verfolgung Genommene wiedergegeben würde.[4]) Gegen einem Wohlthäter in diesem

---

1) Alexander aus Phrygien oder Pannonien nahm 311 den Purpur an, wurde aber durch den von Maxentius wider ihn abgesandten Rufius Volusianus besiegt. Zosimi comitis et exadvocati fisci hist. nova. ed. L. Mendelssohn. Lips. 1887. Lib. II, 12, sq., S. 69 ff.

2) a. a. O. S. 109 ff.

3) Gibbon a. a. O. Bd. 2, S. 131.

4) August. Brevic. collat. cum donatistis, d. III, cap. 18, n. 31, tom. 9, 645 und Ad donatistas post collat. cap. 13, n. 18, tom. 9, 602.

Umfange wäre ein Cleriker ohne anders woher stammende Beweggründe nicht in schroffe Opposition getreten. Wie kam denn der Bischof Mensurius dazu, diesen Aufrührer und Beleidiger des Wohlthäters seiner Gemeinde in Schutz zu nehmen? Mensurius war ein vorsichtiger Herr. Diesen Eindruck wird man gewonnen haben, wenn man sein Verhalten gegenüber dem Treiben der Märtyrer-Verehrer oder gegenüber der Lucilla betrachtet: er liess den Cäcilian die Kastanien aus dem Feuer holen. Wie kam er nun dazu, einem politisch Angeschuldigten sein bischöfliches Asyl zu öffnen? Man kann entweder annehmen, dass das klerikale Solidaritätsgefühl den Bischof für seinen Diakon eintreten liess; aber ich bezweifele, dass Mensurius ein solcher war, der ein Princip auch auf die Gefahr eines lebensgefährlichen Confliktes hin vertreten hätte. Oder man nimmt „eine schon längst latent vorhandene Misstimmung" an, und aus Furcht vor Vorwürfen aus diesen Kreisen, „dass er schon wieder aus Liebedienerei gegen die Staatsgewalt den kirchlichen Interessen etwas vergeben hätte," nahm Mensurius dieses Mal den übereifrigen, national gesinnten Diakon in Schutz. Als er dann nach Rom vorgefordert war, hatte er dort nur einen Entschuldigungsgrund: „Um Schlimmeres zu verhüten, habe er so handeln müssen."

Bekennt man sich zu dieser Auffassung, so lässt sich auch die weitere Entwickelung der Ereignisse leicht erklären. In Rom pflegte man Empörer und Beschützer von Empörern nicht nicht allzu glimpflich zu behandeln. Wenn Mensurius gerechtfertigt seines Weges ziehen durfte, musste er triftigsten Grund für seine Handlungsweise angegeben haben. Wir können keinen Grund angeben, ausser dem: wenn ich diesen nicht geschützt hätte, wäre eine erregte Opposition-Partei zum offenen Schisma übergegangen. Dann wäre des Maxentius Absicht, sich auf die Christen, als auf eine fest geschlossene Partei, zu stützen, sicherlich vereitelt worden. Diese Entschuldigung musste der Kaiser auch in seinem Interesse gelten lassen.

So zog denn Mensurius wieder heimwärts, froh in seiner Meinung, durch kluges Laviren und vielleicht durch persönliche Liebenswürdigkeit nicht auszugleichende Gegensätze versöhnt zu haben; inzwischen war die nationale Oppositions-Partei in Karthago durch das glimpfliche Davonkommen des Felix dazu ermuthigt worden, nunmehr den Interventor aus Numidien kommen zu lassen.

Am nächsten Punkte der Berührung des kirchlichen und politischen Lebens, wodurch eine nationale Bestimmtheit des Donatismus zu Tage tritt, tritt uns die Gestalt Constantins des Grossen entgegen. Sollte es diesem scharfsinnigen Politiker entgangen sein, wenn der Donatismus nationale Elemente in sich barg? Finden sich in seinen Briefen oder in seinen Anordnungen Anhaltspunkte dafür, dass er diessen Charakter des Donatismus erkannt habe?

Constantin war wahrscheinlich durch Hosius von Corduba über die Angelegenheit unterrichtet.[1]) Aber er hielt im Anfange die Angelegenheit für einen persönlichen Streit zweier ehrgeiziger Cleriker, des Cäcilian und Majorinus, die beide den bischöflichen Stuhl zu Karthago zu besteigen wünschten: die anfängliche Schätzung der Anfänge der Reformation durch Leo X. als eines Mönchgezänks stellte sich hier vorgreifend dar. Je mehr Constantin den Umfang der Angelegenheit erkennt, um so eher ist er geneigt, die Person des Cäcilians fallen zu lassen, falls er durch dieses Opfer den drohenden Sturm zu beschwichtigen hoffen darf: der Kaiser ist trotz der zweimaligen Bestätigung Cäcilians als rechtmässigen Bischofs von Karthago in Rom und Arles doch schwankend geworden und lässt in Mailand die Entscheidung ungünstiger ausfallen.[2])

In der Lage der kirchlichen Verhältnisse hatte sich nichts verschoben, es müssen also andere Momente in den Gesichtskreis des Kaisers getreten sein, die ihn zögern liessen. Setzen wir als dieses Moment die Erkenntniss der Gefahr, dass eine übereilte Entscheidung volksthümliche Leidenschaften entfesseln könnte, so ist eine Erklärung vorhanden.

Erst als er erkannt hat, dass die Zwietracht durch Milde nicht mehr zu heilen sei, betritt er den Weg kluger Energie, um die Absicht auszuführen, die er in seinem ersten Schreiben an Melchiades von Rom kund gegeben hatte, „dass überhaupt kein Schisma noch irgend eine Zwietracht übrig bleibe".

---

1) Vergl. Voelter a. a. O. S. 135 ff.
3) Vergl. Voelter a. a. O S. 188.

98

Ich gehe hier von der Anschauung aus, dass man die
Religions-Politik Constantins des Grossen nicht als von religiöser
Begeisterung oder gar von theologischen Meinungen geleitet
ansehen darf, sondern dass sein zu immer grösserer Klarheit
reifender Plan dahin ging, ohne gewaltsame Katastrophe das
Reich in eine solche neue Ordnung hinüber zu führen, in der
das frische Christenthum an Stelle der zerfallenden heidnischen
Religion die sämmtlichen Völker des Reiches mit geistigen
Banden umschlösse und zu des Reiches Nutzen zusammenhielte.
Aus dieser seiner Absicht heraus haben wir seine Stellungnahme auch zu dem Donatisten-Streite zu verstehen, „seine
rücksichtslose Parteinahme wider diese ihm im höchsten Grade
widerwärtigen Störenfriede und Zerstörer der Einheit der
Grosskirche." [1]

Diese Haltung Constantins war vom politischen Standpunkte aus die richtige; sie war darum so genial, weil sie der
gesammten Lage durchaus entsprach, d. h. diese Haltung stand
nicht auf Fiktionen, sondern auf Realitäten.

Aussergem konnte sich die Haltung Constantins den Sekten
gegenüber auf einen Präcedenz-Fall berufen: Der bekannte
Bescheid des heidnischen Kaisers Aurelian im Jahre 272 gegen
Paulus von Samosata in dem zu Antiochien ausgebrochenen
bischöflichen Schisma, dass die Kirchen-Gebäude demjenigen
der beiden Bischöfe zu überweisen seien, welcher mit den
christlichen Bischöfen Roms und Italiens in Gemeinschaft stehe,
hatte dasselbe politisch richtige Motiv. Und wie bei jenen
dogmatisch-kirchlichen Kämpfen in Antiochien ein national-
politischer Hintergrund nicht fehlte, so mussten die kirchlichen Einheits-Bestrebungen Constantins gerade bei
den Schismatikern die heftigste Opposition hervorrufen, welche geneigt waren, ihr Schisma zugleich
zu einem Schlupfwinkel nationaler Antipathien aus-
zubauen.

Es ist bekannt, dass Constantin seinen Plan mit nicht
geringerer Klugheit, als Energie ausführte. Wesshalb er sogar
so weit ging, die bisherigen Begünstigungen der „Kirche des

1) Vergl. hierüber: Brieger, Constantin der Grosse als Religions-
Politiker. Gotha 1880. S. 32.

Cäcilian" plötzlich durch eine theilweise Toleranz zu Gunsten
der Donatisten zu unterbrechen, erscheint mir noch nicht ge-
nügend aufgehellt. Es ist ebenso bekannt, dass die Nachfolger
Constantins — abgesehen von der Episode Julians, „des im
Schönen schwärmenden Epigonen, der sich vor der Knochen-
und Leichnams-Verehrung aller christlichen Parteien entsetzte".[1])
und der als „der Romantiker auf dem Cäsarenthrone" die
Gefahren einer Verbindung schismatischer Elemente mit einer
nationalen Opposition gänzlich übersah — nicht mit der weisen
Mässigung und mit der richtigen Schätzung der religiösen Im-
ponderabilien, durch welche Constantin sich auszeichnete, das
kirchliche Einigungswerk betrieben haben.

Als daher Kaiser Constans im Jahre 348 die staatlichen
Beamten Paulus und Makarius mit Unterstützungs-Geldern angeblich für Arme nach Afrika sandte, und als diese kaiserlichen Commissare die Vertheilung der Unterstützungs-Gelder
mit „Ermahnungen zur katholischen Einigkeit" ins Werk setzten,
da erhub sich Donatus der Grosse und setzte diesem staatlichen Zwange das Wort entgegen: „Quid est imperatori cum
ecclesia?[2])

Aber dieses Wort kann, um die mir vorliegende Frage
abzuhandeln, unmöglich dahin gewandt werden, als ob hier
das imperium romanum einen Gegensatz gegen die übrigen
Völker darstelle, sondern die Stellung des Donatus ist noch
die der Christen der früheren Jahrhunderte, denen imperium
romanum = saeculum, die irdische Welt mit ihrem Glanz und
mit ihren Versuchungen und vor allem mit ihrem Christenhass
war; diese donatistischen Kreise hatten die Wandlung, im
Staate nicht mehr den bluttriefenden Verfolger, sondern den
auf Gegenleistung hoffenden Freund zu sehen, innerlich noch
nicht mit erlebt.

Aber für ein Zeichen volksthümlicher, Decentralisation
wünschender Opposition gegen die einheitliche Kaiser-Macht
kann dieses Wort nicht ausgegeben werden.

Ebenso wollte das in donatistischen Kreisen wahrschein-

---

1) Harnack, Dogmen-Geschichte. Bd. II, 2. S. 446.
2) Optat. lib. III, 3, pag. 55.

7*

lich geflissentlich verbreitete Gerücht,[1]) dass jene staatlichen
Commissare Kaiser-Bilder auf dem Altare aufstellen sollten,
nicht an politisch-oppositionelle Leidenschaften anknüpfen,
sondern es musste die Erinnerung an das Opfern vor den
Kaiserbildern in heidnischer Zeit wachrufen.

Eine andere Frage ist die, ob dieses Gerücht und jenes
Schlagwort des Donatus: quid est imperatori cum ecclessia?
nicht von Ohren gehört wurden, die ihnen darum gerne lauschten, weil die Herzen von Abneigung gegen den Kaiser des
römischen Reiches erfüllt waren? Das ist wahrscheinlich
nach dem, was ich in den vorigen Paragraphen angeführt
habe, aber dazu, dass diese Gerüchte und dieses
Schlagwort gegen den römischen Kaiser mit Bewusstsein und mit Absicht nationale Empfindungen hätte
wachrufen sollen, fehlte eben, wie ich ebenfalls vorher
ausgeführt habe, die klare Erkenntniss von der Bedeutung der Nationalität überhaupt und besonders von
ihrer Bedeutung für die religiöse Sphäre. Das nationale
Element im Donatismus war nur eine Unterströmung, seiner
selbst nicht bewusst und ohne klar erkannte Ziele.

Dagegen wurde Seitens der Katholiker eine Massnahme
der Donatisten nur als eine kirchliche betrachtet, welche ich,
auch in der Absicht der Donatisten, nur als eine von lands-
mannschaftlichem, Nord-Afrikanischem Gefühl eingegebene ansehen kann: nämlich die Entsendung eines donatistischen
Bischofs nach Rom. Als der erste dieser donatistischen Römischen Bischöfe erscheint Victor Garbensis, wahrscheinlich
derselbe, der in den gefälschten Cirtenser Concilsakten[2]) als
Victor a Garba vorkommt. Einen seiner Nachfolger finden wir
in einem Aktenstücke erwähnt, welches unter den Kaisern
Gratian und Valentinian datirt ist. Auf einem in Sachen des
Papstes Damasus im Jahre 378 zu Rom gehaltenen Concil wird
den Kaisern unter anderen Wünschen auch eine Ketzer-Liste
vorgelegt mit der dringenden Bitte um möglichst schleunige

---

1) Optat. lib. III, 12, pag. 69. Das Gerücht kann unmöglich heidnische
Götterbilder gemeint haben; ob das Labarum imperatoris oder ein Bildniss
des Kaisers zu verstehen ist, bleibt ungewiss.

2) August. Contra Cresconium Donatistam lib. III, cap. 27, n. 30,
tom. 9, 511.

Erledigung, d. h. Vertreibung der schädlichen Elemente. Unter diesen sind auch die Donatisten genannt: „Per Africam rursus sacrilegos rebaptizatores nutu Dei praecepistis expelli: sed ab expelsis Claudianus est ordinatus et ad perturbandam urbem Romam quasi episcopus destinatur." [1])

Dieser Claudianus ist in der Reihe donatistischer römischer Bischöfe, welche Optatus giebt, selbstverständlich — ich hatte schon angegeben, dass die Abfassung der Schrift des Optatus übereinstimmend von allen Neueren zwischen 368 und 370 angesetzt wird — nicht mit angeführt.[2]) Dort nennt Optatus[3]) als Ersten Viktor Garbensis, sodann Bonifacius Ballitanus, danach Enkolpius, endlich Makrobius. Nun bemühen sich sowohl Optatus, als auch Augustin,[4]) mit Aufbietung der ganzen Papst-Reihe von Petrus und Linus bis auf ihre Zeit[5]) darzulegen, dass die Donatisten an dieser apostolischen Succession keinen Antheil haben könnten.

Ich behaupte dagegen, dass die Donatisten nicht desswegen, um der Petrinischen Römischen Succession theilhaftig zu werden, einen der Ihrigen als Bischof nach Rom schickten, sondern um dort, in der Welt-Hauptstadt einen Vereinigungs-Punkt für die zahlreichen, dorthin kommenden oder dort wohnenden Afrikaner zu schaffen. Wenn Optatus und Augustin die Papst-Reihen anführen, leiten sie dieselben nicht, wie namentlich Optatus dem Parmenian gegenüber sonst gerne thut, mit einem Worte des Gegners ein, wodurch sie auf diesen Beweisgang geführt seien. Diese Pabst-Reihen sind ihrer römischen Betrachtungsweise entsprungen; für die Donatisten aber war bei der Sendung eines der Ihrigen nach Rom die Absicht vorhanden, welche Augustin in seinem Briefe nur höhnisch anführt: „Jener habe in Rom paucis Afris vorstehen sollen". Und nicht weniger höhnisch hatte vorher Optatus der Sendung des donatischen Bischofs den Grund zu-

---

1) Mansi concil. collectio, tom. III. Florenz 1759. Pag. 624—626.
2) pag. 34 sind dagegen Lucianus und Claudianus, offenbar von fremder Hand, angefügt.
3) lib. II, 4, pag. 33.
4) epist. 53, 2, tom. 2, 196.
5) Bei Optatus ist, offenbar von fremder Hand, noch Sirius hinzugefügt, während dort die Reihe mit Damasus schliessen muss.

geschrieben: „quia quibusdam Afris urbica placuerat commoratio."

Optatus und Augustin, wie die unter Damasus versammelten Concils-Väter hatten für diesen landsmannschaftlichen, nationalen Zweck der Sendung eines nationalen Afrikanischen Bischofs nach Rom kein Auge; sie bekämpften diese Sendung mit kirchlich - dogmatischen Gründen; dieselbe war aber, weil auf politischem Boden stehend, durch diese nicht verwundbar.

Die Donatisten waren zu dieser Sendung nicht durch dogmatische Folgerungen gekommen. Sie betonen, wenn sie auf eine geschichtliche Herleitung des ihnen zugekommenen Christenthums kommen, sehr stark den Zusammenhang mit der septiformis ecclesia des Orients, aber dorthin haben sie niemals einen Bischof geschickt. Optatus und Augustin sind ihnen ja auch dahin gefolgt, um sie zu wiederlegen; sie konnten es leicht thun, denn Cäcilian, und kein Donatist ist in Nicaä anwesend gewesen. Die Donatisten müssen diese Entgegnungen einfach ignorirt haben; ich habe oben dargelegt, dass sie das thun konnten, weil sie sich in dem Satze sola in Africa est ecclesia sicher fühlten.

Aber nach Rom kamen zu viele Afrikaner; dort musste ein nationaler Vereinigungspunkt geschaffen werden. Nicht dogmatische Folgerungen, sondern das Gefühl landsmannschaftlichen Zusammengehörigkeit hatte die Maassnahme hervorgerufen.

Noch zwei Namen habe ich zu nennen, an die sich eine Vermischung der Donatisten und der Vertreter der nationalen afrikanischen Regungen anknüpft: Im Iahre 572 hatte der suzeräne Maurenkönig Firmus „voraces militarium fastus ferre nequiens" die „ad omnes dissensionum motus perflabiles gentes Mauricas" gegen die römischen Bedrücker zu den Waffen gerufen.[1] Augustin[2] kann von ihm berichten, dass er dem donatistischen Bischof der Rogatenser bei Uebergabe der Stadt Schonung seiner Gemeinde zugesichert habe, dass dagegen die Katholiken „zur Verwüstung", frei gegeben wurden. Valenti-

---

1) Ammiani Marcellini rerum gestarum l. rec. Eisenhardt. Berlin 1871. XXX, 7, 10. S. 450.

2) epist. 87, 10, tom. 2, 301.

nian schickte wider Firmus den comes Theodosius aus; mit dem Siege des Letzteren war die Rolle des Firmus zu Ende.

Es ist bekannt, dass nicht alle Donatisten diesem Empörer zufielen; dass sogar darüber, ob dem Firmus zu folgen sei oder nicht, sich die oben erwähnten geschonten Rogatenser als eine besondere donatistische Secte abtrennten[1]) Wir hören auch von keiner literarischen Vertheidigung dieser Empörer Seitens der Donatisten. Aber dasselbe Holz, aus dem diese Empörer geschnitten waren, hatte auch dem Donatismus die festesten Stützen geboten: beide wurzelten im nationalen Boden Afrikas, und daher mussten sie sich immer wieder zusammenfinden.

Der andere Name ist der des comes Gildo, der im Jahre 393 seine Würde erlangte; 397 empörte er sich; sein meist gehasster und grausamster Freund unter den Donatisten war Optatus, Bischof von Thamugada.[2])

Hier ist dasselbe Verhältniss zwischen den Donatisten und den Vertretern der nationalen Regungen in Nordafrika zu konstatiren: kein theoretisch begründetes und principiell ausgesprochenes Bündniss, aber thatsächlich hielt sich ein namhafter Theil der Donatisten stets zu denen, welche ein Rom-freies Afrika für das afrikanische Volk forderten. Und umgekehrt suchten diese niemals mit den Katholikern, aber stets mit den Donatisten Fühlung zu gewinnen.

Die Katholiker konnten die Gegenrechnung für die ihnen durch diese Verhältnisse erwachsenen Leiden erst später aufstellen, aber sie belief sich dann auch um so höher. Im Jahre 411, nach dem Religions-Gespräch zu Karthago, verbündete sich der römische Staat mit der Kirche der Katholiker zur endgültigen und blutigen Unterdrückung der Donatisten.

Nicht dass dieses Religions-Gespräch stattfand, und nicht, wie es abgehalten wurde, ist zu tadeln, sondern dass man, statt die Wahrheit ihres Sieges Preis von Gottes Hand erwarten zu

---

1) August. Contra epist. Parmeniani, lib. I, n. 16, tom. 9, 46. — Contra lit. Petiliani, lib. II, n. 181, tom. 9, 316.

2) August. Contra lit. Petiliani, lib. I, cap. 24, tom. 9, 257. — lib. II, 257 bis lib. II, n. 209, tom. 9, 330. — Contra Crescon lib. III, cap. 60, n. 66, tom. 9, 532.

lassen, mit des Staates rauher Faust die angeblich Irrenden
zur Wahrheit zwingen wollte.

Es steht zu vermuthen, dass dieses vorher verabredet war;
der 100. Brief des Augustin, worin er den Prokonsul Donatus
angeht, die Donatisten zu zwingen, aber nicht zu töten,
ist die Enthüllung der Gesinnungen, mit welchen die Katholiken vereint mit der Staatsgewalt an diese Veranstaltung
herangingen. Diesem Briefe wohnt ebensoviel Gerechtigkeit
und ebensoviel Wahrhaftigkeit bei, als dem bekannten Worte
späterer Zeit: ecclesia non sitit sanguinem.

Auf diesem Religions-Gespräche war von einem nationalen
Elemente in diesem ganzen Handel nicht die Rede. Selbst
wenn ein solches den Vätern beider Parteien klar zum Be-
wusstsein gekommen wäre, hätten sie nicht davon geredet.
Die Donatisten nicht, um nicht dem Staate gegenüber sich als
Empörer zu bekennen, die Katholiken nicht, um nicht ihre
Sache einem Appell an die stärksten Gefühle Nordafrikas
gegenüber zu stellen.

VITA.

Ich, Friedrich Wilhelm Thümmel, bin geboren zu Barmen am 6. Mai 1856 als Sohn des weiland Pastors in der unirten Gemeinde Unter-Barmen E. H. Thümmel. Ich besuchte das Gymnasium meiner Vaterstadt, dessen damaliger Direktor Thiele mich durch seinen eindrucksvollen Geschichtsunterricht bewog. Theologie zu studiren. Zu dem Ende bezog ich die Universitäten Bonn und Leipzig und bestand Herbst 1877 das Examen pro lic. conc. Danach genügte ich in Halle meiner militärischen Dienstpflicht. Vom Februar 1879 bis April 1880 fungirte ich als Hülfsprediger in Geldern. Nach einer militärischen Dienstleistung hielt ich mich alsdann noch 3/4 Jahre Studien halber in Bonn auf. Im Jahre 1881 nahm ich an dem vorgeschriebenen Seminar-Cursus in Neuwied theil; ich wurde alsdann Hülfsprediger in Lohne bei Soest. Im Herbst 1881 bestand ich das Examen pro min. Kurze Zeit nach demselben traf mich die Wahl zum Pfarrer der Gemeinde Geldern, deren Hülfsprediger ich früher gewesen war. Diese Stelle trat ich im December 1881 an, um im Januar 1884 die Verwaltung einer Pfarrstelle in der grösseren evangelischen Gemeinde zu Remscheid zu übernehmen. Dieses Amt bekleide ich noch jetzt.

THESEN.

1. Das Moment der Diesseitigkeit in dem Gottvertrauen der Männer des A. B.'s hebt dessen religiösen Werth nicht auf.

2. Colosser 1, 24 bietet keine Stütze dar für die Lehre, dass die Sühne Christi durch menschliche Leistung ergänzt werden müsse.

3. Man darf nicht abstreiten, dass Petrus in Rom gewesen ist, noch, dass er dort den Märtyrertod erlitten hat.

4. Die Verhältnisse der Stadt Rom haben die Bischöfe der römischen Gemeinde zu Päbsten gemacht und dadurch verdorben.

5. Man kann nicht nachweisen, dass sich der Donatismus geschichtlich von dem Montanismus Tertullians herleite.

6. Die Polemik und Apologetik des Cäcilians im Oktavius des Minucius Felix sind dieselben, wie die des heutigen Ultramontanismus.

7. Menken ist wegen seine Ansätze zu einer ethisch gerichteten Versöhnungs-Lehre als ein Bahnbrecher einer neuen Soteriologie zu betrachten.

8. Die antirömische Polemik ist hauptsächlich gegen die Messe, als das Fundament des Klerikalismus und der Werk-Gerechtigkeit zu richten.

9. Die Tugend der Toleranz darf nur unser äusseres Verhalten bestimmen; dieselbe findet ihre biblische Begründung in dem Gleichniss Matth. 13, 24—30.

10. Oeffentliche Disputationen über religiöse Fragen sind nöthig und nützlich.

11. Es ist nöthig, dass dem 1. Hauptstück des kleinen Katechismus Luthers das ausgelassene 2. Gebot eingefügt werde.

12. Die kirchenordnungsmässigen religiösen Qualifikations-Bestimmungen der kirchlichen Wählbarkeit bedürfen einer Ergänzung in der Richtung, dass das passive Wahlrecht von einer vorausgegangenen thätigen Mitarbeit an den Liebeswerken der Gemeinde abhängig gemacht wird.